KB185924

이번에 제대로 합격!

JLPT N3 실전모의고사

나카가와 쇼타, 박혜성 공저

맛있는 books

이번에 제대로 합격!
JLPT N3 실전모의고사

초판 1쇄 인쇄 2025년 2월 3일
초판 1쇄 발행 2025년 2월 15일

저자 나카가와 쇼타, 박혜성
발행인 김효정
발행처 맛있는books
등록번호 제2006-000273호

주소 서울시 서초구 명달로 54 JRC빌딩 7층
전화 구입문의 02·567·3861
내용문의 02·567·3860
팩스 02·567·2471
홈페이지 www.booksJRC.com

ISBN 979-11-6148-091-6 14730
979-11-6148-090-9 (세트)
정가 15,000원

머리말

전 세계에서 일본어를 대표하는 어학 시험인 JLPT는 N5부터 N1까지 총 5단계의 레벨이 있습니다만, 그중에서도 N3는 딱 중간이라고 볼 수 있습니다. N3의 인정 기준을 살펴보면, N3 합격에는 일본에 가서 일본인들과 일상적인 커뮤니케이션을 할 때 제대로 소통할 수 있는 정도의 일본어 레벨이 요구된다고 할 수 있겠습니다. 평소에 학생들을 지도하다 보면, N3를 시작으로 JLPT에 도전해 보겠다는 학생들이 은근히 많습니다. 아마 이 책으로 공부하려는 학습자분들께서도 JLPT를 처음으로 준비해 보시는 분들이 많을 거라 생각합니다.

본 교재는 JLPT에 '입문'하시는 분들을 위해서 이것만큼은 꼭 알았으면 좋겠다고 생각되는 기출문제에도 자주 등장하는 빈출 어휘, 표현, 문법을 최대한 많이 싣고자 노력했습니다. 출제 경향과 패턴을 익히는 것은 물론, 여태 몰랐던 어휘나 표현, 문법들은 반드시 내 것으로 만들었으면 합니다. 여러분들이 N3에 합격하셔서 나중에 일본인들과 일본어로 소통하며, 원하는 꿈을 이루셨으면 좋겠습니다.

아무쪼록 이 교재가 여러분들의 JLPT N3 합격에 조금이나마 도움이 되기를 진심으로 기원합니다.

마지막으로 본 교재 제작에 애써 주신 맛있는북스 편집부 여러분들, 그리고 제 수업을 들어주는 학생들, 늘 응원해 주는 사랑하는 가족에게 진심으로 감사의 말씀을 전합니다.

저자 **나카가와 쇼타** 드림

* * *

여러분도 잘 아시다시피 JLPT는 1년에 2회밖에 응시할 수 없는 시험입니다. 다른 어학 시험에 비해서 응시 횟수가 많지 않습니다. 그러나 유학, 취업, 교환학생 지원, 졸업 등 다양한 쓰임을 가지는 자격증인 만큼 응시하는 회차에 반드시 합격해야 한다는 부담감도 뒤따르는 시험입니다.

본 교재는 이런 여러분들의 부담감과 고민을 조금이나마 덜어드리기 위해 고안된 교재입니다. JLPT N3 학습에서 반드시 필요한 부분들을 익히되 어떻게 하면 힘들게 시간 낭비를 하지 않을 수 있을지 오랜 시간 고민한 결과 세상의 빛을 보게 되었습니다.

함께 교재 집필과 피드백을 아낌없이 주신 쇼타 선생님과 교재와 인강 제작을 위해 힘써주신 맛있는 에듀 가족 여러분 감사합니다. 더불어 이 교재를 빛나게 만들어 주실 학습자 여러분들께 감사의 말씀을 전합니다. 미력하나마 여러분들의 일본어 공부에 도움을 드릴 수 있어 영광입니다. 감사합니다.

저자 **박혜성** 드림

목차

이 책의 구성

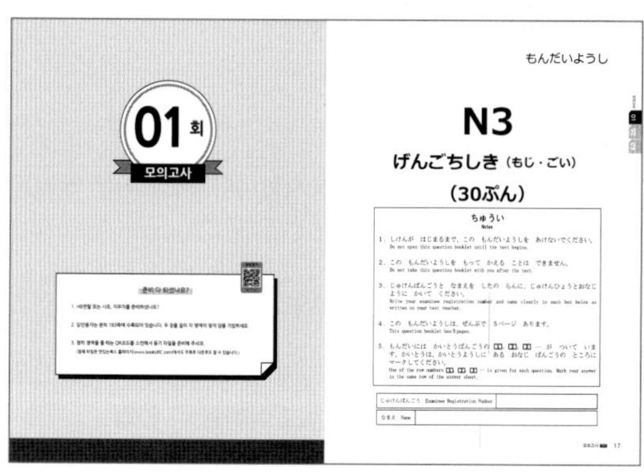

실전모의고사 3회분

실제 JLPT 문제와 동일하게 구성한 최신 모의고사 3회분을 수록했습니다. 최신 경향을 반영한 교재로 문제 유형, 시간 분배, 공략 스킬 등 JLPT 합격을 위한 충분한 연습을 해 보세요.

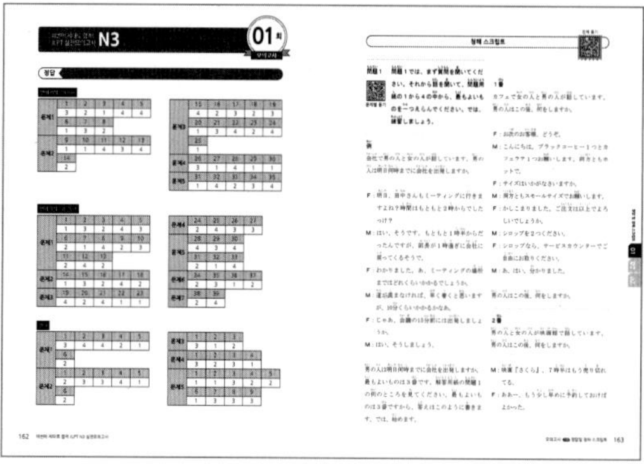

정답 및 청해 스크립트

정해진 시간 안에 실제 시험처럼 문제를 풀고 정답을 맞춰 보세요. 청해 영역을 복습할 때는 스크립트를 보며 잘 들리지 않았던 부분을 확인해 보세요.

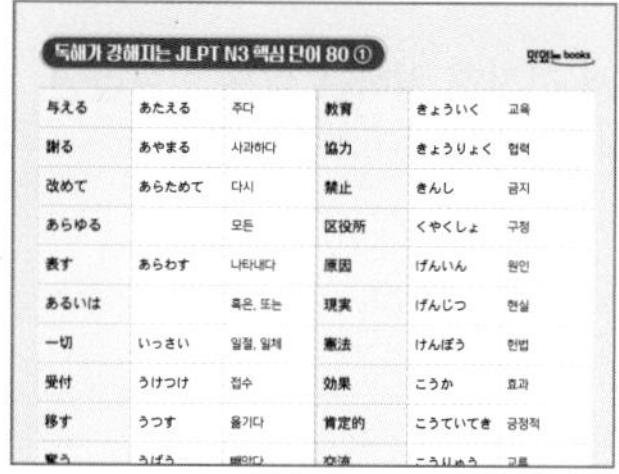

핵심 단어/문형 (별지)

JLPT N3 합격을 위한 핵심 단어와 문형만 꾹꾹 눌러 담았어요.

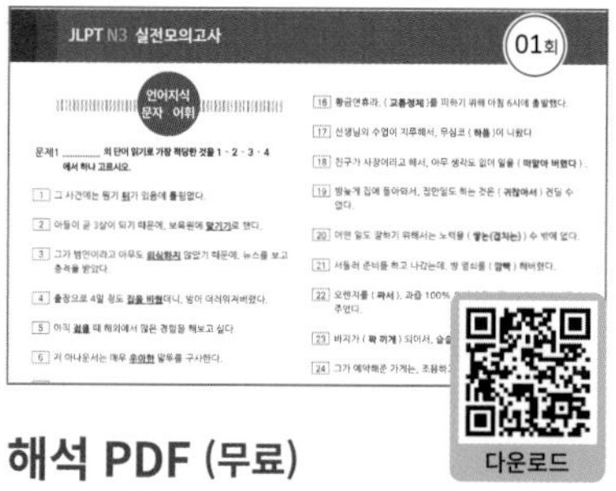

해석 PDF (무료)

모든 문제에 대한 해석은 물론, 꼭 알아야 할 단어도 수록했어요.

동영상 강의 (유료)

JLPT 전문 강사의 동영상 강의로 부족한 부분을 채울 수 있어요.

 **이 책의 활용법**

1. 필기도구(HB연필 또는 샤프, 지우개)와 193쪽의 답안용지를 준비해 주세요.
2. 시험지를 펴고, 타이머를 맞춰 주세요.
3. 청해를 풀 때는 교재에 수록된 QR코드를 스캔하여 음성을 준비해 주세요.
   (맛있는북스 홈페이지에서 MP3 파일을 다운로드 받으면 청해 문제별 음성도 들을 수 있어요.)

JLPT 소개

1. JLPT란?

일본어능력시험은 일본어를 모국어로 하지 않는 사람들의 일본어 능력을 측정하고 인정하는 시험으로, 일본어 학습자의 다양한 수요를 충족하기 위해 커뮤니케이션 능력을 확인하는데 초점이 맞추어져 있습니다.

2. JLPT 레벨

시험은 N1, N2, N3, N4, N5로 나누어져 있으며 수험자가 자신에게 맞는 레벨을 선택하여 응시합니다. 가장 쉬운 레벨은 N5이며 가장 어려운 레벨은 N1입니다.

레벨	과목	인정 기준
N1	언어지식/독해	폭넓은 상황에서 사용되는 일본어를 이해할 수 있다.
	청해	폭넓은 상황에 있어 자연스러운 속도의 회화나 뉴스, 강의를 듣고 이해할 수 있다.
N2	언어지식/독해	일상적인 상황에서 사용되는 일본어의 이해와 더불어, 보다 폭넓은 상황에서 사용되는 일본어를 어느 정도 이해할 수 있다.
	청해	일상적인 상황과 더불어, 다양한 상황에서 자연스러운 속도의 회화나 뉴스를 듣고 이해할 수 있다.
N3	언어지식/독해	일상적인 상황에서 사용되는 일본어를 어느 정도 이해할 수 있다.
	청해	일상적인 상황에서 자연스러움에 가까운 속도의 회화를 듣고 이해할 수 있다.
N4	언어지식/독해	기본적인 일본어를 이해할 수 있다.
	청해	일상적인 상황에서 다소 느리게 말하는 회화라면 내용을 거의 이해할 수 있다.
N5	언어지식/독해	기본적인 일본어를 어느 정도 이해할 수 있다.
	청해	교실이나 주변 등 일상생활 속에서 자주 접하는 상황에서 천천히 말하는 짧은 회화라면 이해할 수 있다.

3. 원서 접수 및 성적 통지

시험은 매년 7월/12월 첫 번째 일요일에 실시됩니다.

시험 차수	원서 접수	수험표 출력	성적 발표	성적증명서 발송
1차(7월)	4월 1일~	6월 초	8월 말	9월 말-10월 초
2차(12월)	9월 1일~	11월 초	1월 말	2월 말-3월 초

합격자의 경우 日本語能力認定書(합격인정서)와 日本語能力試験認定結果及び成績に関する証明書(성적증명서)가 함께 발송되며, 불합격자의 경우 日本語能力試験認定結果及び成績に関する証明書(성적증명서)만 발송됩니다.

4. 시험 준비물

- 신분증(주민등록증, 운전면허증, 기간 만료 전의 여권, 공무원증, 장애인 복지카드, 정부24 또는 PASS 주민등록증 모바일 확인 서비스, 모바일 운전면허증(경찰청 발행), 모바일 공무원증, 청소년증, 학생증, 건강보험증, 공익근무요원증, 외국인등록증, 국내거소신고증, 영주증)
- 필기도구(HB연필 또는 샤프, 지우개) *사인펜, 볼펜 등 불가

JLPT N3 소개

1. JLPT N3 시험 구성

입실시간	1교시		휴식	2교시
13:10	언어지식 (문자·어휘) 13:30 ~ 14:00	언어지식(문법) ·독해 14:05 ~ 15:15	15:15 ~ 15:35	청해 15:35 ~ 16:20

과목	문제 유형		문항 수
언어지식·독해	문자·어휘	한자읽기	8문항
		표기	6문항
		문맥구성	11문항
		유의표현	5문항
		용법	5문항
	문법	문장의 문법 1 (문법형식 판단)	13문항
		문장의 문법 2 (문장만들기)	5문항
		글의 문법	5문항
	독해	내용이해(단문)	4문항
		내용이해(중문)	6문항
		내용이해(장문)	4문항
		정보검색	2문항
청해		과제이해	6문항
		포인트이해	6문항
		개요이해	3문항
		발화표현	4문항
		즉시응답	9문항

※ 문항 수는 시험마다 다소 차이가 있을 수 있습니다.

2. JLPT N3 합격 기준

종합 득점		득점 구분별 득점					
		언어지식 (문자·어휘·문법)		독해		청해	
득점 범위	합격점	득점 범위	기준점	득점 범위	기준점	득점 범위	기준점
0~180점	95점	0~60점	19점	0~60점	19점	0~60점	19점

※ 모든 시험 과목을 수험하고,

① 종합 득점이 합격점 이상이면서, ② 모든 득점 구분별 득점이 구분마다 설정된 기준점 이상인 경우, 즉 ①과 ②를 동시에 만족해야 합격입니다.

종합득점이 아무리 높아도 득점 구분별 득점에서 하나라도 기준점에 미달하는 경우에는 불합격입니다.

JLPT N3 유형 소개 및 전략

+ 문자어휘

문제1 한자읽기 (총 8문항)

______의 말의 읽는 법으로 가장 적절한 것을, 1・2・3・4에서 하나 고르세요.

1 あの事件には、何か裏があるに違いない。

1 そと　　2 おもて　　3 うら　　4 なか

전략 밑줄 친 한자어의 발음을 고르는 문제로, 밑줄 친 단어의 발음만 장음, 촉음, 요음에 주의해서 알맞은 것을 정답으로 고르세요. 대체로 문장을 읽지 않아도 밑줄 친 단어의 발음만 알면 풀 수 있는 경우가 많아요.

문제2 표기 (총 6문항)

______의 말을 한자로 쓸 때, 가장 적절한 것을, 1・2・3・4에서 하나 고르세요.

9 春になって、徐々に気温が上がってきて、あたたかい日々が続いている。

1 暖かい　　2 天かい　　3 暑かい　　4 熱かい

전략 밑줄 친 단어의 한자 표기를 고르는 문제로, 밑줄 친 단어의 한자 표기만 부수와 비슷한 모양에 주의해서 알맞은 것을 정답으로 고르세요. 대체로 문장을 읽지 않아도 밑줄 친 단어의 한자 표기만 알면 풀 수 있는 경우가 많아요.

문제3 문맥구성 (총 11문항)

______에 들어가기에 가장 적절한 것을, 1・2・3・4에서 하나 고르세요.

15 朝まではきれいに咲いていた花が、夜帰ってきたら全部（　　）いた。

1 死んで　　2 亡くなって　　3 生きて　　4 かれて

전략 괄호에 들어갈 적절한 단어를 고르는 문제로, 특히 괄호 앞뒤의 단어를 잘 보고 문맥에 어울리는 의미의 단어를 정답으로 고르세요.

문제4 유의표현 (총 5문항)

______에 의미가 가장 가까운 것을, 1・2・3・4에서 하나 고르세요.

26 世の中に楽にお金を稼げる方法なんてない。

1 楽しく　　2 優しく　　3 簡単に　　4 おもしろく

전략 밑줄 친 단어와 비슷한 의미의 표현을 고르는 문제로, 밑줄 친 단어의 의미에 주의해서 비슷한 것을 정답으로 고르세요. 대체로 문장을 읽지 않아도 밑줄 친 단어의 의미만 알면 풀 수 있는 경우가 많아요.

문제5 용법 (총 5문항)

다음 말의 용법으로써 가장 적절한 것을, 1・2・3・4에서 하나 고르세요.

31 くらくら

1 お酒を飲んだせいか、急に頭がくらくらしてきた。

2 合格者の発表を待っている間、ずっとくらくらしていた。

3 息子のいたずらが度を過ぎていて、いつもくらくらしている。

4 ピクニックが明日なので、娘は楽しくてくらくらしている。

전략 제시된 단어가 문맥상 올바르게 사용된 문장을 고르는 문제로, 제시된 단어(밑줄) 앞뒤나 문장 전체의 문맥을 생각해서 가장 자연스럽게 해석되는 것을 정답으로 고르세요.

+ 문법

문제1 문법형식 판단 (총 13문항)

다음 문장의 (　　　)에 넣기 가장 적절한 것을, 1・2・3・4에서 하나 고르세요.

1 パソコン（　　　）、パーソナルコンピューターの略である。

1 とは　　2 とも　　3 といった　　4 という

전략 괄호 안에 들어갈 적절한 문법형식을 고르는 문제로, 괄호 바로 앞뒤 또는 문장 전체의 문맥에 유의해서 가장 자연스럽게 해석되는 것을 정답으로 고르세요. 이때, 알맞은 접속 형태인지, 함께 사용 가능한 품사인지 등 문법적으로 맞는지에도 주의하세요.

문제2 문장만들기 (총 5문항)

다음 문장의 ＿★＿에 들어갈 가장 적절한 것을, 1・2・3・4에서 하나 고르세요.

14 この案件を引き受けた＿＿＿、＿＿＿ ＿★＿ ＿＿＿。

1 つくす　　2 最善を　　3 からには　　4 しかない

전략 4개의 선택지를 문맥에 맞게 나열한 뒤 ★의 순서와 일치하는 것을 고르는 문제로, 문장을 나열한 뒤 반드시 한 번 더 읽고 문맥이 자연스러운지 확인한 후 적절한 것을 정답으로 고르세요.

문제3 글의 문법 (총 1지문, 5문항)

다음 글을 읽고, 글 전체의 내용을 생각해서, 19 에서 23 의 안에 들어갈 가장 적절한 것을, 1・2・3・4에서 하나 고르세요.

【プラスチックごみ】

週に何度もごみ出しをしていると、人間は普通に生きているだけで、こんなにもごみを排出するのだと気づかされる。その中でも、特にプラスチックごみの量が圧倒的に多いことに皆さんもびっくりしたことがあるはずだ。お水を飲んだ後のペットボトル 19 、デリバリーで頼んだ料理の容器や飲み物のストローまで、 20 ごみを出しているわけだ。プラスチックごみは土に埋めてもなかなか分解されない 21 、環境汚染の主な原因として指摘されている。

22 、これだけ毎日の生活に欠かせないほどプラスチックに依存している現状では、すぐにプラスチックを世の中からなくすわけにもいかない。ブラスチックが突然なくなると生活が混乱するかもしれないからだ。

環境対策を立てる時は、生活面の利便性もしっかり考えながら、環境への影響も 23 。

19

1 だけなら　　2 だけに　　3 だけ　　4 のみならず

전략 빈칸에 들어갈 적절한 표현을 고르는 문제로, 글을 처음부터 천천히 읽으며 문맥을 파악하고, 빈칸이 나오면 바로 앞 또는 뒤의 문맥을 생각하여 가장 자연스럽게 이어지는 것을 정답으로 고르세요.

+ 독해

문제4 내용이해(단문) (총 4지문, 4문항)

다음 (1)에서 (4)의 글을 읽고, 질문에 답하세요. 답은, 1・2・3・4에서 가장 적절한 것을 하나 고르세요.

スマートフォンの長所は、多機能で便利なことだ。電話やメッセージのやり取りはもちろん、インターネット検索、SNS、カメラ機能、ナビゲーションなど、さまざまな使い方に対応できる。ポケットに入る小さいサイズで、いつでもどこでも情報を手に入れたり、連絡を取ったりすることもできる。何(なに)かと悪く言われることも多いスマートフォンだが、実は使い方によって有効活用できるのではないだろうか。

24 スマートフォンについて、この文章を書いた人はどう考えているか。

1 使い方によって有効活用できるが機能が少ない。

2 使い方によって、役立つことも多い。

3 多機能で便利だが、短所が多い。

4 悪く言われることが多いから、使うことをやめるべきだ。

전략 짧은 지문을 읽고 질문에 맞는 답을 고르는 문제로, 전체적인 내용과 필자의 생각을 중심으로 지문을 읽고, 지문의 내용과 선택지의 내용이 가장 일치하는 것을 정답으로 고르세요. 주로 지문의 맨 마지막에 정답에 대한 중요한 힌트가 있어요.

문제5 내용이해(중문) (총 2지문, 6문항)

다음 (1)과 (2)의 글을 읽고, 질문에 답하세요. 답은, 1・2・3・4에서 가장 적절한 것을 하나 고르세요.

日本では、昔から寝ないで勉強や仕事をすることが美徳だと思われる傾向があった。寝る時間を減らしてやりたいことをすると、時間が確保できたり、短期的な集中力が上がったりする。また、自分に対する満足感が高くなるから一見いいと思われるかもしれない。しかし、寝る時間をあきらめてまで勉強や仕事をすることは本当にいい事なのだろうか。

睡眠時間を減らすと免疫力が下がったり、体力が悪くなったりすると言われている。また、健康問題につながる可能性もある。それに、記憶力、判断力といった認知機能が悪くなる。寝る時間が減ると、注意力も下がるので、日常生活でのミスのリスクも増える。

28 寝る時間を減らして勉強や仕事をすることの長所はどんなことか。

1 机の前にいる時の集中力が上昇する。
2 勉強や仕事のための時間が格段に増える。
3 判断力などの認知能力が上がる。
4 自分への満足感が上がる。

전략 조금 긴 지문을 읽고 질문에 맞는 답을 고르는 문제로, 지문 하나에 3문항이 출제돼요. 지문을 처음부터 천천히 읽으면서 세부적인 내용과 필자의 생각을 파악하고, 지문의 내용과 선택지의 내용이 가장 일치하는 것을 정답으로 고르세요. 대체로 지문의 흐름과 동일한 순서로 관련된 문제가 출제돼요.

문제6 내용이해(장문) (총 1지문, 4문항)

다음 글을 읽고, 질문에 답하세요. 답은, 1・2・3・4에서 가장 적절한 것을 하나 고르세요.

教育の現場で保護者や学生と面談をすると「うちの子は勉強が苦手です。どうしたら勉強が好きになれますか」という質問を受けることが多い。このような質問を受けるたびに、私は以下のように答えている。

まず、目標を設定しよう。いきなり勉強を始めたいと思っても、まず何からどう始めたらいいかが分からない場合が多い。そういう時は、無理をしなくてもいいから「テストで80点とりたい」、「漢字検定３級をとりたい」など、がんばれば達成できそうな目標を設定しよう。

目標を設定したら興味を見つけよう。意外と勉強と日常生活は関連性がとても高い。「朝覚えた漢字が、午後の授業中に出てきた」、「浮力があるから、水泳ができる」と生活と勉強の関連性を見つけていくうちに興味ができて、

34 このような質問とは、どんな質問か。

1 どうしたら成績が上がるかという質問
2 どうしたら勉強が好きになるかという質問
3 どうしたら勉強しなくて済むかという質問
4 どうしたら子どもが言うことを聞くかという質問

전략 긴 지문을 읽고 질문에 맞는 답을 고르는 문제로, 지문 하나에 4문항이 출제돼요. 지문을 처음부터 천천히 읽으면서 세부적인 내용과 필자의 생각을 파악하고, 지문의 내용과 선택지의 내용이 가장 일치하는 것을 정답으로 고르세요. 대체로 지문의 흐름과 동일한 순서로 관련된 문제가 출제돼요.

문제7 정보검색 (총 1지문, 2문항)

오른쪽 페이지의 안내문을 읽고, 아래 질문에 답하세요. 답은, 1・2・3・4에서 가장 적절한 것을 하나 고르세요.

38 林さんは９才の娘を水泳教室に通わせたい。水泳の経験はほぼない。どのクラスに入ることができるか。また、１か月の授業料はいくらになるか。

1 クラスAかC ／ 8500円

2 クラスAかB ／ 8500円

3 クラスCかD ／ 9000円

4 クラスBかD ／ 9000円

39 会社員の木村さんは小さい頃から13年間水泳をやっている。平日の夜に水泳教室に通いたい。通えるクラスはどのクラスで、曜日はいつか。

1 クラスC ／ 火・木

2 クラスC ／ 月・木

3 クラスD ／ 火・金

4 クラスD ／ 火・木

水泳教室

子どもから大人まで楽しく！

	年齢	レベル	曜日	時間	授業料
クラスA	小・中学生	初級	月・木	16：00～17：00	8500円／月
クラスB	小学生	初級	火・金	16：00～17：00	8500円／月
クラスC	高校生・大人	中・上級	水・土	19：00～20：00	9000円／月
クラスD	大人	上級	火・木	19：00～20：00	9000円／月

駐車はできませんので、予めご了承ください。
そのほかのお問い合わせは、カウンターにお問い合わせいただくか
お電話ください(Tel.03-7845-4512)。

전략 질문의 조건에 맞는 선택지를 고르는 문제로, 질문에 제시된 조건들 하나하나 지문의 내용과 대조하여 전부 올바른 것을 정답으로 고르세요.

+ 청해

문제1 과제이해 (총 6문항)

문제1에서는, 우선 질문을 들어주세요. 그리고 나서 이야기를 듣고, 문제용지의 1에서 4 중에서, 가장 적절한 것을 하나 고르세요.

[문제지]

1ばん

1　シロップを買いに行く

2　コーヒーを買いに買く

3　サービスカウンターに行く

4　シロップを注文する

[음성]

カフェで女の人と男の人が話しています。男の人はこの後、何をしますか。

F：お次のお客様、どうぞ。

M：こんにちは。ブラックコーヒー１つとカフェラテ１つお願いします。両方ともホットで。

F：サイズはいかがなさいますか。

M：両方ともスモールサイズでお願いします。

⋮

男の人はこの後、何をしますか。

전략 대화를 듣고 등장인물이 다음에 해야 할 행동을 고르는 문제로, 질문을 먼저 들려주므로 남자와 여자 중 누가 해야 할 행동을 고르는 문제인지 파악하고 해당 인물의 말에 특히 집중해서 올바른 것을 정답으로 고르세요. 미리 선택지를 읽어두면 내용을 파악하는데 도움이 돼요.

문제2 포인트이해 (총 6문항)

문제2에서는, 우선 질문을 들어주세요. 그 뒤, 문제용지를 봐 주세요. 읽는 시간이 있습니다. 그리고 나서 이야기를 듣고, 문제용지의 1에서 4 중에서, 가장 적절한 것을 하나 고르세요.

[문제지]

1ばん

1　これからは試験を受けられないから

2　自分のどりょくが足りなかったことに気づいたから

3　日本語試験に落ちてしまったから

4　自分にできることは何もないから

[음성]

男の人と女の人が話しています。男の人はどうして落ち込んでいますか。

F：あれ、林さん、なぜそんなに落ち込んでるの？

M：韓国語試験、落ちてしまいました。

F：それは、残念だったわね。でも、試験に落ちたからと言ってそんなに落ち込むことないよ。

⋮

男の人はどうして落ち込んでいますか。

전략 대화를 듣고 대화의 내용과 일치하는 것을 고르는 문제로, 질문을 먼저 들려주므로 무엇을 묻는 문제인지 파악하고 질문에 특히 집중해서 들은 뒤, 올바른 것을 정답으로 고르세요. 주로 이유를 묻는 문제가 출제돼요.

문제3 개요이해 (총 3문항)

문제3에서는, 문제용지에 아무것도 인쇄되어 있지 않습니다. 이 문제는, 전체적으로 어떤 내용인지를 듣는 문제입니다. 이야기 전에 질문은 없습니다. 우선 이야기를 들어주세요. 그리고 나서, 질문과 선택지를 듣고, 1에서 4 중에서, 가장 적절한 것을 하나 고르세요.

[문제지]

－ メモ －

[음성]

男の人が講演会で話しています。

M：みなさん、今日は動物についてお話します。動物は人間より相手の気持ちが分かると言います。犬や猫を飼っている方なら知っていると思いますが、家で映画やドラマなどを見て泣くと、動物が近くに来て、泣き止むまで離れないことを経験したことがあるはずです。特に集団生活をする動物は共感能力が高いということが、研究で明らかになりました。

⋮

男の人は何について話していますか。

1. 動物と人間の共通点
2. 動物と人間の感情
3. 動物の共感能力
4. 動物の集団生活

전략 이야기를 듣고 주제를 고르는 문제로, 화자가 전체적으로 무엇을 중심으로 이야기를 하는지에 집중해서 듣고 올바른 것을 정답으로 고르세요.

문제4 발화표현 (총 4문항)

문제4에서는, 그림을 보면서 질문을 들어주세요. 화살표(→)의 사람은 뭐라고 말합니까? 1에서 3 중에서, 가장 적절한 것을 하나 고르세요.

[문제지]

1ばん

[음성]

警察官に財布をなくしたことを伝えたいです。何と言いますか。

F：1. 財布を消してしまいました。
2. 財布を盗んでしまいました。
3. 財布を落としてしまいました。

전략 화살표로 표시된 사람이 해야 할 말로 적절한 것을 고르는 문제로, 질문을 잘 듣고 선택지의 내용에 주의해서 상황에 올바른 것을 정답으로 고르세요.

문제5 즉시응답 (총 9문항)

문제5에서는, 문제용지에 아무것도 인쇄되어 있지 않습니다. 우선 문장을 들어주세요. 그리고 나서, 그 대답을 듣고, 1에서 3 중에서, 가장 적절한 것을 하나 고르세요.

[문제지]	[음성]
− メモ −	F：午後から雨が降るそうです。 M：1. 傘、持ってきてないのに。 2. 傘立てはどこですか。 3. 傘、赤色なの？

전략 상대방의 말에 적절한 대답을 고르는 문제로, 상대방의 말의 의미를 정확하게 파악하고 선택지의 내용에 주의해서 가장 자연스러운 것을 정답으로 고르세요.

준비 다 되셨나요?

1. HB연필 또는 샤프, 지우개를 준비하셨나요?

2. 답안용지는 본책 193쪽에 수록되어 있습니다. 두 장을 잘라 각 영역에 맞게 답을 기입하세요.

3. 청해 영역을 풀 때는 QR코드를 스캔해서 듣기 파일을 준비해 주세요.
(청해 파일은 맛있는북스 홈페이지(www.booksJRC.com)에서도 무료로 다운로드 할 수 있습니다.)

N3

げんごちしき（もじ・ごい）

（30ぷん）

ちゅうい
Notes

1. しけんが　はじまるまで、この　もんだいようしを　あけないでください。
   Do not open this question booklet until the test begins.

2. この　もんだいようしを　もって　かえる　ことは　できません。
   Do not take this question booklet with you after the test.

3. じゅけんばんごうと　なまえを　したの　らんに、じゅけんひょうとおなじように　かいて　ください。
   Write your examinee registration number and name clearly in each box below as written on your test voucher.

4. この　もんだいようしは、ぜんぶで　5ページ　あります。
   This question booklet has 5 pages.

5. もんだいには　かいとうばんごうの　1、2、3 …　が　ついて　います。かいとうは、かいとうようしに　ある　おなじ　ばんごうの　ところに　マークしてください。
   One of the row numbers 1, 2, 3 … is given for each question. Mark your answer in the same row of the answer sheet.

じゅけんばんごう　Examinee Registration Number	

なまえ　Name	

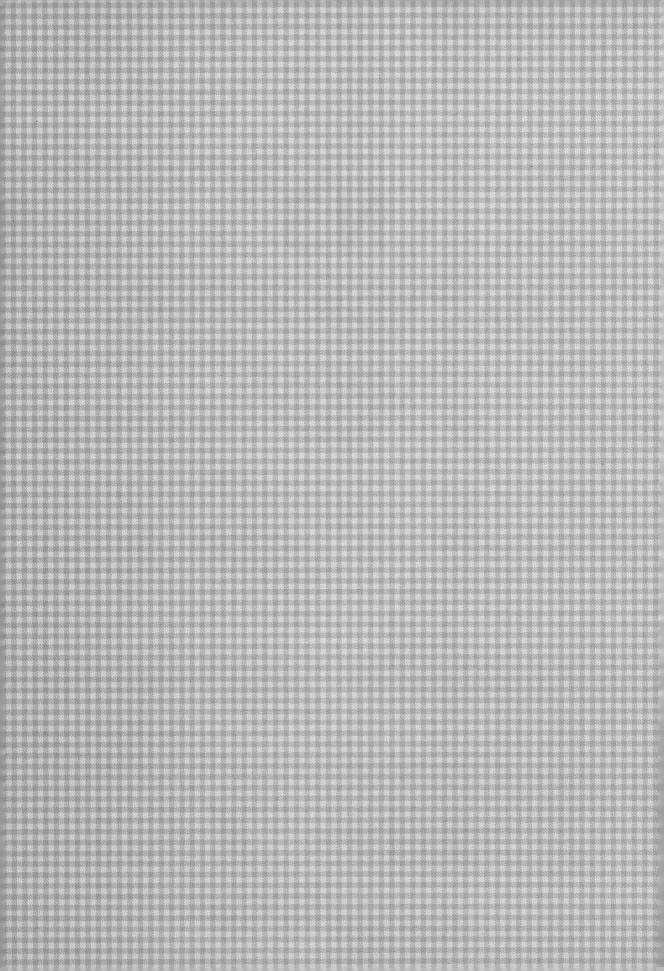

問題1　＿＿＿のことばの読み方として最もよいものを、1・2・3・4から一つえらびなさい。

1　あの事件には、何か<u>裏</u>があるに違いない。

1　そと　　2　おもて　　3　うら　　4　なか

2　息子がもうすぐ3才になるので、保育園に<u>預ける</u>ことにした。

1　かたづける　　2　あずける　　3　みつける　　4　いただける

3　彼が犯人だと誰も<u>疑って</u>いなかったので、ニュースを見てショックを受けた。

1　うたがって　　2　のこって　　3　すわって　　4　きまって

4　出張で4日ほど<u>留守</u>にしていたら、部屋が汚くなってしまった。

1　りゅうしゅ　　2　りゅうす　　3　るしゅ　　4　るす

5　まだ<u>若い</u>うちに海外でたくさんの経験をしてみたい。

1　にがい　　2　よわい　　3　まずい　　4　わかい

6　あのアナウンサーは、とても<u>上品</u>な話し方をしている。

1　じょうひん　　2　げひん　　3　うえひん　　4　じょうし

7　飲みに行こうと誘う上司の話を<u>断り</u>切れなかった。

1　みまもり　　2　あずかり　　3　ことわり　　4　こだわり

8　放課後、後輩に「<u>相談</u>に乗ってほしい」と声をかけられた。

1　しょうたん　　2　そうだん　　3　しょうだん　　4　そうたん

問題２　＿＿＿のことばを漢字で書くとき、最もよいものを、１・２・３・４から一つえらびなさい。

9　春になって、徐々に気温が上がってきて、あたたかい日々が続いている。

1　暖かい　　2　天かい　　3　暑かい　　4　熱かい

10　３時間に及ぶ激しい試合の末、Ａチームは勝利をおさめた。

1　収めた　　2　取めた　　3　勝めた　　4　受めた

11　彼が昔は有名なアイドルだったことを、さいしょは誰も知らなかった。

1　最後　　2　最悪　　3　最近　　4　最初

12　Ａ「え、何でそんなにあつい本を読んでいるの？」

Ｂ「最後まで読んで読書感想文を書くのが宿題なんだよね。」

1　大い　　2　多い　　3　厚い　　4　太い

13　月曜日の朝はどうしてもしゅっきんするのが大変だ。

1　出発　　2　出動　　3　出張　　4　出勤

14　きのう飲みすぎたせいか、朝起きた時からずつうがひどかった。

1　激痛　　2　頭痛　　3　苦痛　　4　腰痛

問題3　（　　　）に入れるのに最もよいものを、1・2・3・4から一つえらびなさい。

15　朝まではきれいに咲いていた花が、夜帰ってきたら全部（　　　）いた。
1　死んで　2　亡くなって　3　生きて　4　かれて

16　ゴールデンウィークなので、（　　　）を避けるために朝6時に出発した。
1　連休　2　渋滞　3　旅行　4　道路

17　先生の授業がつまらなくて、思わず（　　　）が出た。
1　涙　2　くしゃみ　3　あくび　4　しゃっくり

18　友達が社長だからといって、何も考えずに仕事を（　　　）しまった。
1　引きしめて　2　引き受けて　3　引き出して　4　引き取って

19　夜遅く帰ってきて、家事もやるのは、（　　　）で仕方がない。
1　有名　2　きれい　3　面倒　4　大切

20　何事もうまくなるためには、努力を（　　　）しかない。
1　重ねる　2　束ねる　3　移る　4　守る

21　急いで支度をして出かけたが、部屋のカギを（　　　）してしまった。
1　かっつり　2　きっちり　3　うっかり　4　ひっそり

22　オレンジを（　　　）、果汁100%のオレンジジュースをその場で作ってくれた。
1　こすって　2　のこって　3　けずって　4　しぼって

23　ズボンが（　　　）なったから、そろそろダイエットをしないといけない。
1　ゆるく　2　きつく　3　きびしく　4　たのしく

24　彼が予約したお店は、静かで（　　　）雰囲気のところだった。
1　活発な　2　健やかな　3　にぎやかな　4　落ち着いた

25　レポートの（　　　）が明日なので、寝ないで書くしかない。
1　締め切り　2　日付　3　日時　4　時間

問題４　＿＿＿に意味が最も近いものを、１・２・３・４から一つえらびなさい。

26　世の中に楽にお金を稼げる方法なんてない。

1　楽しく　　2　優しく　　3　簡単に　　4　おもしろく

27　ボランティアを募集して、町のごみ拾いを行う予定です。

1　集めて　　2　取って　　3　残して　　4　片付けて

28　家から学校までは、電車で約30分はかかる。

1　きちんと　　2　多くの　　3　大して　　4　だいたい

29　妹を助けてもらった感謝の気持ちを込めて、お礼の品をお渡しするつもりだ。

1　粗品　　2　気持ち　　3　手紙　　4　お土産

30　玄関のベルが鳴って外を見たら、変な人が立っていた。

1　おかしい　　2　大変な　　3　忙しい　　4　同じ

問題5　つぎのことばの使い方として最もよいものを、１・２・３・４から一つえらびなさい。

31　くらくら

1　お酒を飲んだせいか、急に頭がくらくらしてきた。

2　合格者の発表を待っている間、ずっとくらくらしていた。

3　息子のいたずらが度を過ぎていて、いつもくらくらしている。

4　ピクニックが明日なので、娘は楽しくてくらくらしている。

32　地味

1　ブラジルのコーヒーはとても地味がいい。

2　母はなべに塩を入れて、地味をした。

3　母の料理をまねして作ったが、変な地味がした。

4　普段はおしゃれが大好きな彼女だが、今日は地味な格好をしていた。

33　分別

1　最近車を買ったが、12回に分別して支払うことにした。

2　環境のためには、ゴミの分別をきちんと行う必要がある。

3　古い時計を分別して、中を改造した。

4　マヨネーズを常温に置いたら、油が分別された。

34　重要

1　同じ書類を重要して送ってしまって、申し訳ございません。

2　少し太ってきたので、重要を測ってみた。

3　成長期の子どもにとって、バランスのとれた食事はとても重要だ。

4　大学入試では、国語と数学を重要する傾向がある。

35　気をつける

1　過去の失敗は忘れて、気をつけてまたがんばると決心した。

2　せっかくのデートなので、気をつける服装で行こうと思っている。

3　彼女は相手の気をつける発言をよくする人だ。

4　いくら仲のいい友達でも、礼儀には気をつけなければならない。

問題用紙

N3

言語知識（文法）・読解

（70分）

注　意
Notes

1. 試験が始まるまで、この問題用紙を開けないでください。
   Do not open this question booklet until the test begins.

2. この問題用紙を持って帰ることはできません。
   Do not take this question booklet with you after the test.

3. 受験番号と名前を下の欄に、受験票と同じように書いてください。
   Write your examinee registration number and name clearly in each box below as written on your test voucher.

4. この問題用紙は、全部で19ページあります。
   This question booklet has 19 pages.

5. 問題には解答番号の 1、2、3 … が付いています。
   解答は、解答用紙にある同じ番号のところにマークしてください。
   One of the row numbers 1, 2, 3 … is given for each question. Mark your answer in the same row of the answer sheet.

受験番号　Examinee Registration Number	
名　前　Name	

問題1　つぎの文の（　　　）に入れるのに最もよいものを、1・2・3・4から一つえらびなさい。

1　パソコン（　　　）、パーソナルコンピューターの略である。

1　とは　　2　とも　　3　といった　　4　という

2　先生の説明はとても分かり（　　　）学生からの人気も高い。

1　にくくて　　2　やさしくて　　3　やすくて　　4　づらくて

3　彼女はいつもまるでお姫様（　　　）ドレスを着ている。

1　ような　　2　のような　　3　ように　　4　なような

4　財布をなくさない（　　　）、名前を書いておくことにした。

1　から　　2　が　　3　そうに　　4　ように

5　もしかばんを（　　　）なら、「ミラクル商店」がおすすめです。

1　買った　　2　買える　　3　買う　　4　買おう

6　お客様には、こちらの書類にサインして（　　　）ことになっています。

1　くれる　　2　いただく　　3　くださる　　4　差し上げる

7　いつも時間を守る彼のことだから、きっと定時に来る（　　　）。

1　はずだ　　2　かもしれない　　3　わけがない　　4　ようだ

8 学年が上がる（　　　）、どんどん勉強が難しくなって大変だ。

1　ともに　　2　なら　　3　が　　4　にしたがって

9 空がくもっているから、今日は雨が降り（　　　）。

1　ようだ　　2　そうだ　　3　みたいだ　　4　らしい

10 先生、田中教授の電話番号を（　　　）でしょうか。

1　存知　　2　知り

3　ご存知　　4　知る

11 海外が好きな息子にアメリカ留学を（　　　）つもりだ。

1　させられる　　2　させてやる

3　される　　4　させてもらう

12 家を出たとたん、雨に（　　　）服が全部ぬれてしまった。

1　降って　　2　降った

3　降りて　　4　降られて

13 ご飯を（　　　）ばかりなのに、妹はお菓子を食べ始めた。

1　食べる　　2　食べた　　3　食べられる　　4　食べさせた

問題２　次(つぎ)の文の＿★＿に入る最もよいものを、１・２・３・４から一つ選びなさい。

（問題例(れい)）

いすの ＿＿ ＿＿ ＿★＿ ＿＿ います。

1　ねこ　　2　が　　3　下　　4　に

（解答(かいとう)のしかた）

1．正しい答えはこうなります。

いすの ＿＿ ＿＿ ＿★＿ ＿＿ います。
3　下　　4　に　　1　ねこ　　2　が

2．＿★＿に入る番号(ばんごう)を解答(かいとう)用紙にマークします。

（解答(かいとう)用紙）

（例(れい)）	● ② ③ ④

14　この案件を引き受けた ＿＿、＿＿ ＿★＿ ＿＿。

1　つくす　　2　最善を

3　からには　　4　しかない

15　チームの勝利は ＿＿ ＿★＿ ＿＿ ＿＿。

1　違いない　　2　日々の

3　努力の　　4　おかげに

16　学校 ＿＿、＿＿ ＿★＿ ＿＿ 学べる場である。

1　人間関係も　　2　だけではなく

3　勉強　　4　というのは

17 お隣さんにリンゴをたくさんいただいたが、＿＿＿ ＿＿＿ ＿★＿ ＿＿＿。

1 そうにない　　　2 一人暮らしなので

3 とても　　　4 食べ切れ

18 いい大学を出た ＿＿＿、＿＿＿ ＿★＿ ＿＿＿。

1 からと言って　　　2 成功するとは

3 必ずしも　　　4 限らない

問題3　つぎの文章(ぶんしょう)を読んで、文章全体(ぶんしょうぜんたい)の内容(ないよう)を考えて、［19］から［23］の中に入る最もよいものを、1・2・3・4から一つえらびなさい。

【プラスチックごみ】

週に何度もごみ出しをしていると、人間は普通に生きているだけで、こんなにもごみを排出するのだと気づかされる。その中でも、特にプラスチックごみの量が圧倒的に多いことに皆さんもびっくりしたことがあるはずだ。お水を飲んだ後のペットボトル ［19］、デリバリーで頼んだ料理の容器や飲み物のストローまで、［20］ごみを出しているわけだ。プラスチックごみは土に埋めてもなかなか分解されない［21］、環境汚染の主な原因として指摘されている。

［22］、これだけ毎日の生活に欠かせないほどプラスチックに依存している現状では、すぐにプラスチックを世の中からなくすわけにもいかない。ブラスチックが突然なくなると生活が混乱するかもしれないからだ。

環境対策を立てる時は、生活面の利便性(りべんせい)(注)もしっかり考えながら、環境への影響も［23］。

(注) 利便性(りべんせい)：便利であること。便利さ

19

1　だけなら　　2　だけに　　3　だけ　　4　のみならず

20

1　多いに　　2　多くの　　3　多いから　　4　多くに

21

1　いわく　　2　ものなら　　3　いわゆる　　4　ことから

22

1　ところで　　2　どころが　　3　たとえば　　4　そのうえ

23

1　考えなければならない

2　考えたわけではない

3　考えるといけない

4　考えてはいけない

問題4　つぎの(1)から(4)の文章（ぶんしょう）を読んで、質問に答えなさい。答えは、１・２・３・４から最もよいものを一つえらびなさい。

(1)

スマートフォンの長所は、多機能で便利なことだ。電話やメッセージのやり取りはもちろん、インターネット検索、ＳＮＳ、カメラ機能、ナビゲーションなど、さまざまな使い方に対応できる。ポケットに入る小さいサイズで、いつでもどこでも情報を手に入れたり、連絡を取ったりすることもできる。何（なに）かと(注)悪く言われることも多いスマートフォンだが、実は使い方によって有効活用できるのではないだろうか。

(注) 何（なに）かと：いろいろと、あれこれと

24　スマートフォンについて、この文章を書いた人はどう考えているか。

1　使い方によって有効活用できるが機能が少ない。

2　使い方によって、役立つことも多い。

3　多機能で便利だが、短所が多い。

4　悪く言われることが多いから、使うことをやめるべきだ。

(2)

これはスーパーの営業時間変更のお知らせである。

【営業時間変更のお知らせ】

お客様各位

いつも当店をご利用いただき、誠にありがとうございます。夏を迎え、2024年６月１日より営業時間を変更いたします。今までの閉店時間は21時でしたが、１日から23時までとさせていただきます。より多くのお客様にご来店いただけますよう、これからも努力してまいります。これからもよろしくお願いいたします。

ファーストスーパー

25 このお知らせを書いた目的は何か。

1　６月１日からお店を閉店することを知らせるため

2　夏を迎え、６月から閉店時間を短縮するため

3　これからも、より多くのお客様にご来店いただくため

4　季節が変わり、営業時間を延長することを知らせるため

(3)

学校を卒業したら勉強はもうしなくていいと思っていた。しかし、大人こそ勉強が必要だ。知識やスキルを身につけることで、就職やキャリアの選択肢が広がり、経済的な安定が得られるからだ。また、勉強を通じて論理的思考力や問題解決能力が向上し、複雑な課題に対処できるようになる。さらに、そうして得た知識は社会や文化の理解を深め、人間関係の構築やコミュニケーション能力にも役立つ。自己成長や自己実現の手段として、充実した人生を送るためにも勉強は欠かせないと言える。

26 大人にとって勉強が必要な理由は何か。

1 勉強で得た知識を活用してコミュニケーションを取らなければいけないから

2 勉強をすると難しい問題が解けるようになり、テストの点数が上がるから

3 知識やスキルを取得することで就くことができる選択肢が増えるから

4 大人になると自分の成長に役立つ手段が勉強しかないから

(4)

地球温暖化を防ぐためには、食生活を改善しなければならないという意見もある。特に肉の消費を減らすことが重要だという。牛や羊などの動物はたくさんのメタンを放出するが、これは強力な温室効果ガスである。また、えさを作るために山の木々を伐採するため、二酸化炭素の排出を増やす。つまり、肉の消費を減らすことで地球温暖化の防止に寄与できるというわけだ。

27 この文章で一番言いたいことは何か。

1 地球のためには、動物のえさを作ってはいけない。

2 食生活を改善することだけが地球温暖化の解決法である。

3 肉を食べないようにすることは、地球温暖化の防止につながる。

4 メタンを発生させないために、動物を育ててはいけない。

問題5　つぎの(1)と(2)の文章(ぶんしょう)を読んで、質問に答えなさい。答えは、1・2・3・4から最もよいものを一つえらびなさい。

(1)

日本では、昔から寝ないで勉強や仕事をすることが美徳だと思われる傾向があった。寝る時間を減らしてやりたいことをすると、時間が確保できたり、短期的な集中力が上がったりする。また、自分に対する満足感が高くなるから一見いいと思われるかもしれない。しかし、寝る時間をあきらめてまで勉強や仕事をすることは本当にいい事なのだろうか。

睡眠時間を減らすと免疫力が下がったり、体力が悪くなったりすると言われている。また、健康問題につながる可能性もある。それに、記憶力、判断力といった認知機能が悪くなる。寝る時間が減ると、注意力も下がるので、日常生活でのミスのリスクも増える。

ある調査によると、日本人の平均睡眠時間は7時間22分で、調査対象の他の先進国に比べると1時間以上も短いという。寝る時間を減らすことで得ることも多いが、それより失うことの方が多いかもしれない。たくさん寝て、やりたいことは起きているうちに集中してやった方がいいのではないだろうか。

28　寝る時間を減らして勉強や仕事をすることの長所はどんなことか。

1　机の前にいる時の集中力が上昇する。

2　勉強や仕事のための時間が格段に増える。

3　判断力などの認知能力が上がる。

4　自分への満足感が上がる。

29 寝る時間を減らして勉強や仕事をすることの短所として間違っているものは何か。

1　健康が悪くなる。

2　日常生活でのミスが増える。

3　感情のコントロールができなくなる。

4　記憶力、判断力、体力などが低下する。

30 この文章を書いた人の考えと合っているものはどれか。

1　悪いことばかりなので、絶対に寝る時間を減らしてはいけない。

2　寝る時間を減らすことはいいことなので、続けるべきだ。

3　睡眠時間を減らして、勉強や仕事に集中してはならない。

4　しっかり睡眠をとって、起きている時に集中して仕事をした方がいい。

(2)

私は毎朝５時に起きて、ストレッチングをして軽い朝食をとってから10kmのランニングをしている。日曜日以外の週６日を10年も走っているわけだが、私のこういう生活を聞くと、職場の同僚は「仕事もしているのに毎朝10kmも走ると疲れないか」と言う。しかし、ランニング好きの私にとっては走らない方がおかしいくらいだ。汗を流すことが気持ちよくて続けているというのもあるが、10年も走っているのは別の理由がある。

10年も走っていると、ものすごくはやく走れたり特別な能力が身についたりするかというと、そんなことはない。むしろ走るスピードが落ちることもある。調子が悪い日は途中でやめたいとも思うが、ぐっと我慢して走り続ける。そうすると、走り切った自分に少しは自信が持てる。生まれたからには途中であきらめずに生き続けるしかない。やりたくないこと、逃げたくなることもとにかくやってみる。そうすると、あきらめなかった自分に少しはプライドが持てる。

走ることと人生が似ている気がして、私は走ることをやめられないのだ。これからも、人生もランニングも途中でやめることなく続けていくつもりだ。きっと、あきらめずにやること自体に意味があると思うからだ。

31 「私」は、普段（ふだん）どのようにランニングをすると言っているか。

1　毎朝５時からランニングをしている。

2　朝起きて、ストレッチングと朝食の後に走るようにしている。

3　仕事がある日には疲れるので走らないこともある。

4　汗をかくことが気持ちいいという理由だけで走っている。

32 「私」が考えるランニングの特徴として正しくないものはどれか。

1 特別感が感じられる素晴らしい行為だ。

2 速度が落ちることもある。

3 長期間やっても、ものすごくはやくはならない。

4 ランニング中に走りたくなくなる時もある。

33 「私」はランニングと人生のどんな点が似ていると考えているか。

1 やめずに続けると、特別な能力が身につく点

2 走らないとおかしくなる点

3 毎日続けたら、少しずつ上手になれる点

4 続けてきた自分に自信が持てる点

問題6　つぎの文章を読んで、質問に答えなさい。答えは、１・２・３・４から最もよいものを一つえらびなさい。

教育の現場で保護者や学生と面談をすると「うちの子は勉強が苦手です。どうしたら勉強が好きになれますか」という質問を受けることが多い。このような質問を受けるたびに、私は以下のように答えている。

まず、目標を設定しよう。いきなり勉強を始めたいと思っても、まず何からどう始めたらいいかが分からない場合が多い。そういう時は、無理をしなくてもいいから「テストで80点とりたい」、「漢字検定３級をとりたい」など、がんばれば達成できそうな目標を設定しよう。

目標を設定したら興味を見つけよう。意外と勉強と日常生活は関連性がとても高い。「朝覚えた漢字が、午後の授業中に出てきた」、「浮力があるから、水泳ができる」と生活と勉強の関連性を見つけていくうちに興味ができて、勉強が大変になってもやる気が出てくる。

もし、一人で勉強することが苦手で集中力が切れるという人は、友人や家族と一緒に勉強した方がいいかもしれない。部屋で一人で勉強をするのではなく、リビングでみんなで勉強をすることで寂しくなることなく、楽しくなるはずだ。

小さい頃は、大人になったら勉強しなくていいから早く大人になりたいと思っていたものだ。しかし、年をとるにつれて、大人になってからの勉強の方がもっと大変で、もっと楽しいと思うようになった。難しい問題の解決法を勉強しなければならないから大変ではあるが、勉強によって、この世界で起きていることへの理解が深まるからだ。あまり苦手意識を持たずに、まずはやってみよう。意外と好きになれるかもしれない。

34　このような質問とは、どんな質問か。

1　どうしたら成績が上がるかという質問

2　どうしたら勉強が好きになるかという質問

3　どうしたら勉強しなくて済むかという質問

4　どうしたら子どもが言うことを聞くかという質問

35 この文章では、目標はどう設定すべきだと言っているか。

1 無理をしなければならない目標を設定すべきだ。

2 達成できない目標を設定すべきだ。

3 努力すれば届く目標を設定すべきだ。

4 達成しやすい目標を設定すべきだ。

36 勉強について、この文章を書いた人の考えとして<u>正しくないもの</u>はどれか。

1 大人になってからの勉強は難しいから、やらなくていい。

2 一人で勉強できないなら、みんなで集まって勉強するのもいい方法だ。

3 勉強と日常生活は関係性が高い。

4 勉強が大変でも、興味を持てばやる気が出る。

37 この文章を書いた人は、なぜ大人になってからの勉強は楽しいと言っているか。

1 大人になって、あまり苦手意識を持たなくてもいいから

2 自分の住む世界で起こっていることについて、もっと詳しくなれるから

3 今までたくさん勉強してきて、知識の量が多くなったから

4 やりたくないことは、あまりやらなくてもよくなったから

問題7　右のページは、水泳教室のスケジュールである。これを読んで、下の質問に答えなさい。答えは、１・２・３・４から最もよいものを一つえらびなさい。

38　林さんは９才の娘を水泳教室に通わせたい。水泳の経験はほぼない。どのクラスに入ることができるか。また、１か月の授業料はいくらになるか。

1　クラスAかC　／　8500円

2　クラスAかB　／　8500円

3　クラスCかD　／　9000円

4　クラスBかD　／　9000円

39　会社員の木村さんは小さい頃から13年間水泳をやっている。平日の夜に水泳教室に通いたい。通えるクラスはどのクラスで、曜日はいつか。

1　クラスC　／　火・木

2　クラスC　／　月・木

3　クラスD　／　火・金

4　クラスD　／　火・木

水泳教室

子どもから大人まで楽しく！

	年齢	レベル	曜日	時間	授業料
クラスA	小・中学生	初級	月・木	16：00～17：00	8500円／月
クラスB	小学生	初級	火・金	16：00～17：00	8500円／月
クラスC	高校生・大人	中・上級	水・土	19：00～20：00	9000円／月
クラスD	大人	上級	火・木	19：00～20：00	9000円／月

駐車はできませんので、予めご了承ください。

そのほかのお問い合わせは、カウンターにお問い合わせいただくか

お電話ください(Tel.03-7845-4512)。

問題用紙

N3

聴解（ちょうかい）

(40分)

注意
Notes

1. 試験が始まるまで、この問題用紙を開けないでください。
   Do not open this question booklet until the test begins.

2. この問題用紙を持って帰ることはできません。
   Do not take this question booklet with you after the test.

3. 受験番号（じゅけんばんごう）と名前を下の欄（らん）に、受験票と同じように書いてください。
   Write your examinee registration number and name clearly in each box below as written on your test voucher.

4. この問題用紙は、全部（ぜんぶ）で14ページあります。
   This question booklet has 14 pages.

5. この問題用紙にメモをとってもいいです。
   You may make notes in this question booklet.

受験番号（じゅけんばんごう） Examinee Registration Number	
名　前 Name	

もんだい
問題 1

問題１では、まず質問を聞いてください。それから話を聞いて、問題用紙の１から４の中から、最もよいものを一つえらんでください。

れい

1　１時15分

2　１時30分

3　１時45分

4　２時

1ばん

1　シロップを買いに行く

2　コーヒーを買いに行く

3　サービスカウンターに行く

4　シロップを注文する

2ばん

1　7時半のチケットを買う

2　8時半のチケットを買う

3　ゲームセンターに行く

4　ポップコーンを買う

3ばん

1　散歩をする

2　チェックインする

3　チェックアウトする

4　名前を書く

4ばん

1　吹奏楽部

2　ランニング部

3　サッカー部

4　野球部

5ばん

1

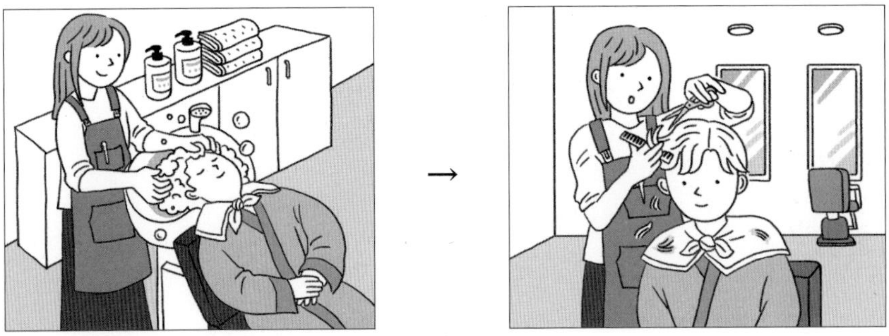

→

2

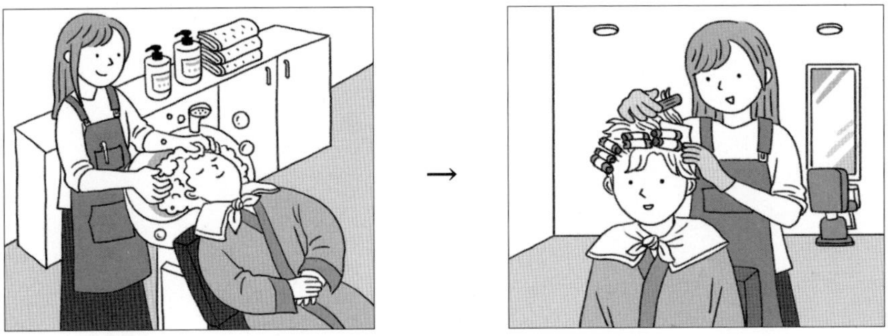

→

3

→

4

→

6ばん

1　おばけやしき

2　カフェ

3　歌(うた)とダンス

4　ゆかたレンタル

問題 2

問題２では、まず質問を聞いてください。そのあと、問題用紙を見てください。読む時間があります。それから話を問いて、問題用紙の１から４の中から、最もよいものを一つえらんでください。

れい

1　さいきん　いそがしいから

2　いっしょに　行く人が　いないから

3　うんどうが　にがてだから

4　ねだんが　高いから

1ばん

1　これからは試験を受けられないから

2　自分のどりょくが足りなかったことに気づいたから

3　日本語試験に落ちてしまったから

4　自分にできることは何もないから

2ばん

1　にもつが多いから

2　安いから

3　車やタクシーよりはやいから

4　車がないから

3ばん

1　ひさしぶりに遊園地(ゆうえんち)に行(い)くから

2　ひさしぶりに服(ふく)を買(か)うから

3　ひさしぶりに彼氏(かれし)に会(あ)うから

4　ひさしぶりに海外(かいがい)しゅっちょうに行(い)くから

4ばん

1　映画(えいが)が好(す)きだから

2　おもしろい映画(えいが)は苦手(にがて)だから

3　胸(むね)がいたくなるから

4　泣(な)くと気持(きも)ちがすっきりするから

5ばん

1　何度(なんど)も同(おな)じことを言(い)わせるから

2　皿(さら)が汚(きたな)かったから

3　部屋(へや)をかたづけなかったから

4　皿(さら)をかたづけなかったから

6ばん

1　運(うん)がよかったこと

2　毎日(まいにち)休(やす)まずに練習(れんしゅう)をしたこと

3　ピアノを習(なら)ったこと

4　賞(しょう)をとるためにピアノをひいたこと

問題3

問題３では、問題用紙に何もいんさつされていません。この問題は、ぜんたいとしてどんなないようかを聞く問題です。話の前に質問はありません。まず話を聞いてください。それから、質問とせんたくしを聞いて、１から４の中から、最もよいものを一つえらんでください。

－ メモ －

問題4

問題４では、えを見ながら質問を聞いてください。やじるし（→）の人は何と言いますか。１から３の中から、最もよいものを一つえらんでください。

れい

1ばん

2ばん

3ばん

4ばん

もんだい
問題5

問題5では、問題用紙に何もいんさつされていません。まず文を聞いてください。それから、そのへんじを聞いて、１から３の中から、最もよいものを一つえらんでください。

－ メモ －

정답 162쪽

준비 다 되셨나요?

1. HB연필 또는 샤프, 지우개를 준비하셨나요?

2. 답안용지는 본책 193쪽에 수록되어 있습니다. 두 장을 잘라 각 영역에 맞게 답을 기입하세요.

3. 청해 영역을 풀 때는 QR코드를 스캔해서 듣기 파일을 준비해 주세요.
(청해 파일은 맛있는북스 홈페이지(www.booksJRC.com)에서도 무료로 다운로드 할 수 있습니다.)

もんだいようし

N3

げんごちしき（もじ・ごい）

（30ぷん）

ちゅうい
Notes

1. しけんが　はじまるまで、この　もんだいようしを　あけないでください。
   Do not open this question booklet until the test begins.

2. この　もんだいようしを　もって　かえる　ことは　できません。
   Do not take this question booklet with you after the test.

3. じゅけんばんごうと　なまえを　したの　らんに、じゅけんひょうとおなじように　かいて　ください。
   Write your examinee registration number and name clearly in each box below as written on your test voucher.

4. この　もんだいようしは、ぜんぶで　5ページ　あります。
   This question booklet has 5 pages.

5. もんだいには　かいとうばんごうの 1、2、3 … が　ついて　います。かいとうは、かいとうようしに　ある　おなじ　ばんごうの　ところに　マークしてください。
   One of the row numbers 1, 2, 3 … is given for each question. Mark your answer in the same row of the answer sheet.

じゅけんばんごう　Examinee Registration Number	
なまえ　Name	

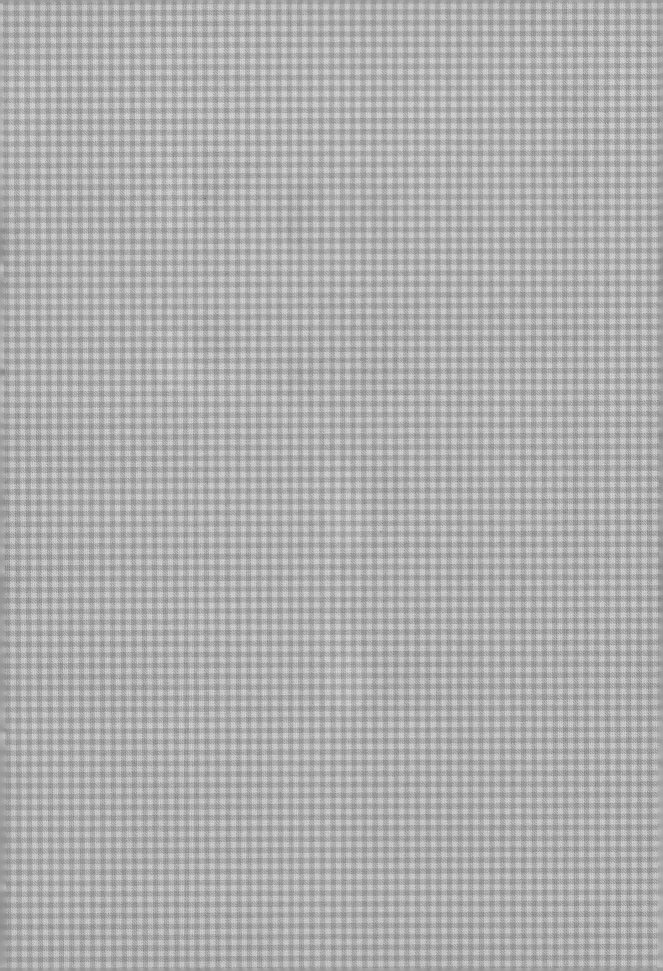

問題１　＿＿＿のことばの読み方として最もよいものを、１・２・３・４から一つえらびなさい。

1 彼女は日本語が<u>得意</u>である。

1　どくい　2　とくい　3　どくぎ　4　とくぎ

2 ニュースで流れていた内容は、<u>確かな</u>情報ではなかったようだ。

1　たしかな　2　さわやかな　3　あざやかな　4　あきらかな

3 駅の<u>改札</u>の前で友達を待っていた。

1　かいれい　2　がいれい　3　かいさつ　4　がいさつ

4 階段で<u>転んで</u>しまって、腕から血が出た。

1　およんで　2　ころんで　3　にくんで　4　あそんで

5 <u>税金</u>を払うことは国民として当然のことだ。

1　よきん　2　ねんきん　3　ちょきん　4　ぜいきん

6 この試験は、<u>努力</u>すればだれでも受かります。

1　どりょく　2　のうりょく　3　ろうりょく　4　むりょく

7 プロジェクトに参加したい方は、インターネットで<u>申し込んで</u>ください。

1　かしこんで　2　はなしこんで　3　もうしこんで　4　おしこんで

8 大きい<u>荷物</u>は車で運ぶことにした。

1　にぶつ　2　にもつ　3　かもつ　4　かぶつ

問題２　＿＿＿のことばを漢字で書くとき、最もよいものを、１・２・３・４から一つえらびなさい。

9 はがきとインターネットでおうぼできます。

1　応漠　　2　応慕　　3　応暮　　4　応募

10 日本人のへいきん寿命は80歳を超えている。

1　平均　　2　平等　　3　平凡　　4　平然

11 手術は無事に終わったが、体のかいふくまでは時間がかかりそうだ。

1　回服　　2　回復　　3　回複　　4　回福

12 コーヒーはにがくて、あまり飲みたくない。

1　古くて　　2　若くて　　3　著くて　　4　苦くて

13 きのうは35℃を超えるきろく的な暑さだった。

1　話録　　2　話緑　　3　記録　　4　記緑

14 父は証券会社につとめています。

1　勤めて　　2　働めて　　3　僅めて　　4　動めて

問題３（　　　）に入れるのに最もよいものを、１・２・３・４から一つえらびなさい。

15 大変な時に（　　　）人は、やはり木村さんしかいない。

1　頼れる　　2　願える　　3　望める　　4　見込める

16 傘は持っていないのですが、（　　　）いただけませんか。

1　もらって　　2　渡って　　3　貸して　　4　借りて

17 雨でピクニックが中止になって（　　　）した。

1　ぐっすり　　2　しっかり　　3　のんびり　　4　がっかり

18 あの家は木に（　　　）中が全く見えない。

1　包まれていて　　2　囲まれていて　　3　含まれていて　　4　入れられていて

19 今年の新入社員に対する会社の（　　　）は大きい。

1　期待　　2　願望　　3　祈願　　4　欲望

20 友達と４時に中央駅で（　　　）をした。

1　待ち合わせ　　2　持ち合わせ　　3　問い合わせ　　4　居合わせ

21 仕事が（　　　）いかなくて、落ち込んでしまった。

1　活発に　　2　上手に　　3　うまく　　4　おいしく

22 これだけ大きいケーキは、一気に（　　　）。

1　食べ始めない　　2　食べかけない　　3　食べ残せない　　4　食べ切れない

23 こいのぼりとは、男の子が（　　　）に育つことを願うための飾りだ。

1　健やか　　2　鮮やか　　3　にぎやか　　4　明らか

24 星が（　　　）とかがやいている。

1　ぱらぱら　　2　たびたび　　3　ぴかぴか　　4　そろそろ

25 パンを（　　　）切ってサンドイッチを作った。

1　くわしく　　2　ふかく　　3　あつく　　4　ひどく

問題４　＿＿＿に意味が最も近いものを、１・２・３・４から一つえらびなさい。

26 友達とおしゃべりをする時間はとても楽しい。

1 言葉　　2 口論　　3 遊び　　4 話

27 鈴木君のやり方は間違っている。

1 言い方　　2 方法　　3 思想　　4 行動

28 教授の授業はつまらなくて、いつも眠くなる。

1 苦しくて　　2 辛くて　　3 たいくつで　　4 恐ろしくて

29 駅までは、歩いておよそ10分がかかる。

1 約　　2 しばらく　　3 まもなく　　4 常に

30 申し訳ございませんが、しばらくお待ちいただけませんか。

1 いまだに　　2 少し　　3 たちまち　　4 しばしば

問題５　つぎのことばの使い方として最もよいものを、１・２・３・４から一つえらびなさい。

31 わくわく

1　息子が高い所から飛び降りたりするから、いつもわくわくする。

2　海外旅行は初めてなので、１週間前からわくわくしている。

3　彼はのどが渇いていたのか、お水をわくわく飲んだ。

4　試験に落ちたのが悔しかったか、彼女はわくわく泣いていた。

32 都合

1　先生のご都合のよろしい時にお伺いします。

2　景気が悪くなって、会社の都合がきびしい。

3　彼の話は毎回変わるので、都合が合わない。

4　お金の都合で、何とか危機を乗り切った。

33 発達

1　ＩＴ技術が発達して、私たちの暮らしがとても楽になった。

2　鈴木先生は、感染症の原因を発達した。

3　突然、彼は発達を起こして倒れた。

4　エジソンは電球を発達した人だそうだ。

34 夢中

1　子どもの夢中はいつもお菓子だ。

2　私は勉強に夢中すると、何も聞こえなくなる。

3　彼は車のゲームに夢中になっている。

4　木村さんはパイロットを夢中している。

35 いちいち

1　弟が言うことを全く聞かないのでいちいちしてきた。

2　先生は、私たちいちいちに声をかけてくださった。

3　プレゼントするので、いちいちつつんでもらってもいいですか。

4　それくらい、いちいち言わなくても分かります。

問題用紙

N3

言語知識（文法）・読解

（70分）

注　　意
Notes

1. 試験が始まるまで、この問題用紙を開けないでください。
Do not open this question booklet until the test begins.

2. この問題用紙を持って帰ることはできません。
Do not take this question booklet with you after the test.

3. 受験番号と名前を下の欄に、受験票と同じように書いてください。
Write your examinee registration number and name clearly in each box below as written on your test voucher.

4. この問題用紙は、全部で19ページあります。
This question booklet has 19 pages.

5. 問題には解答番号の 1、2、3 … が付いています。
解答は、解答用紙にある同じ番号のところにマークしてください。
One of the row numbers 1, 2, 3 … is given for each question. Mark your answer in the same row of the answer sheet.

受験番号　Examinee Registration Number	

名　前　Name	

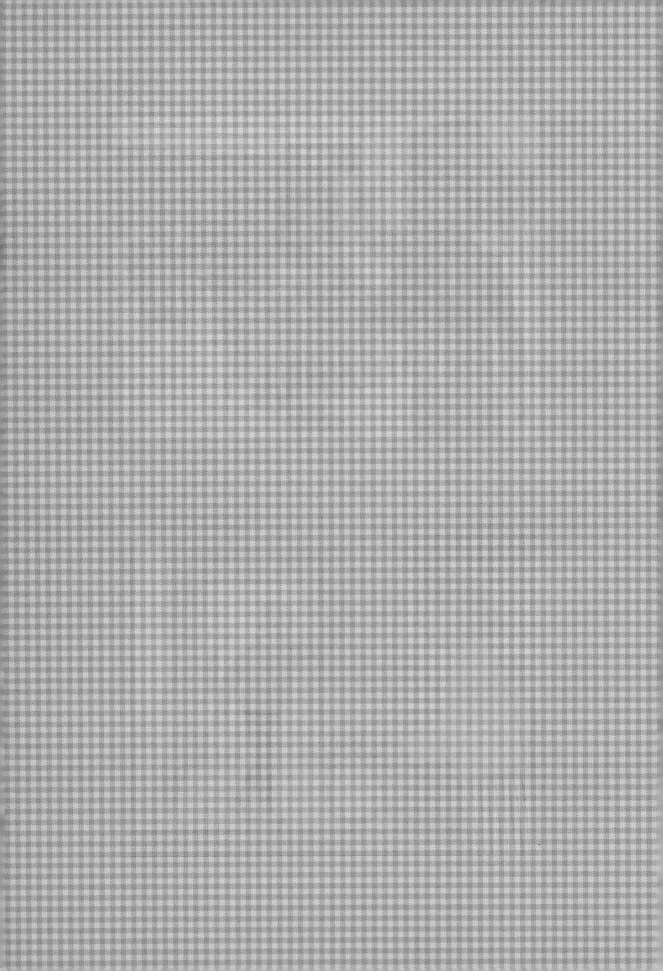

問題1　つぎの文の（　　　）に入れるのに最もよいものを、1・2・3・4から一つえらびなさい。

1　ノートにはきれいな字で私の名前が（　　　）。

1　書いた　2　書いてあった　3　書かされた　4　書いていた

2　ご飯を食べ終わった（　　　）なので、お腹がいっぱいだ。

1　だらけ　2　のみ　3　ところ　4　だけ

3　桜吹雪（　　　）、桜の花が風に乱れ散る様子を例えた言葉だ。

1　というのは　2　ということで　3　としては　4　とか

4　荷物も多いし、雨も降っているからタクシーに乗って帰る（　　　）。

1　だけのことはある　2　に限った

3　ばかりだ　4　しかない

5　本日だけ、こちらの商品を半額と（　　　）。

1　させてくださいます　2　していただきます

3　させていただきます　4　してくださいます

6　先生、駅まで私がご一緒（　　　）。

1　します　2　させます　3　されます　4　させられます

7　まったく勉強を（　　　）、試験を受けた。

1　しなくて　2　しない　3　しずに　4　せずに

8 アメリカとは違って、日本は室内でくつを脱ぐことに（　　　）。

1　します　　　　2　なっています

3　なります　　　　4　しました

9 遠くから私を呼ぶ声が（　　　）。

1　あった　　2　出た　　3　した　　4　いた

10 イギリスで留学すると決めた（　　　）、英語の勉強をがんばらなければならない。

1　からには　　　　2　にもかかわらず

3　おかげで　　　　4　うえに

11 A市は、りんご（　　　）、玉ねぎの産地としても有名だ。

1　のみならず　　2　だけで　　3　に限って　　4　ばかりで

12 このノートパソコン、軽くて画面も大きいからとても（　　　）。

1　使いにくそうだ　　　　2　使いにくいそうだ

3　使いやすそうだ　　　　4　使いやさそうだ

13 二度と同じ失敗を（　　　）、報告書を書いて部長に出した。

1　しないから　　2　しないように　3　しないそうに　4　しないのに

問題2　次つぎの文の ＿★＿ に入る最もよいものを、１・２・３・４から一つ選びなさい。

（問題例）

いすの ＿＿＿ ＿＿＿ ＿★＿ ＿＿＿ います。

1　ねこ　　2　が　　3　下　　4　に

（解答のしかた）

1．正しい答えはこうなります。

> いすの ＿＿＿ ＿＿＿ ＿★＿ ＿＿＿ います。
> 3　下　4　に　1　ねこ　2　が

2．＿★＿ に入る番号を解答用紙にマークします。

（解答用紙）	（例）	● ② ③ ④

14　親が無理して勉強させても、＿＿＿ ＿★＿ ＿＿＿ ＿＿＿ 意味がない。

1　やりたがらない　　2　なら
3　の　　4　本人が

15　＿＿＿ ＿＿＿ ＿★＿ ＿＿＿、足音がしてきてぞっとした。

1　はず　　2　いない　　3　誰も　　4　なのに

16　この辺は治安がよくないから、＿＿＿ ＿＿＿ ＿★＿ ＿＿＿ と思います。

1　うちに　　2　明るい　　3　方がいい　　4　帰った

17 社会人 ＿＿＿ ＿＿＿ ＿★＿ ＿＿＿、大学院生として研究もしてきたとは驚きだ。

1 仕事を　　2 として　　3 がんばる　　4 一方で

18 ＿＿＿ ＿＿＿ ＿★＿ ＿＿＿、まず何をしますか。

1 としたら　　2 手に入った　　3 もし　　4 1億円が

問題３　つぎの文章（ぶんしょう）を読んで、文章全体（ぶんしょうぜんたい）の内容（ないよう）を考えて、[19]から[23]の中に入る最もよいものを、１・２・３・４から一つえらびなさい。

小学生の頃は、なぜ日記を書いて、先生に読んで [19] のかが疑問でならなかった。生活の一部を先生に [20] のもいやだったし、日記を書くほど毎日特別なことが起きるわけでもないのに、どうしてこうも毎日日記をつけなければならないかが理解できなかった。

今年のお正月に実家に帰ったが、30年前の自分が書いた日記を見つけて、懐かしいと思いつつ数時間も読んだ。日記を読んで、なぜ先生が日記を [21] がわかった。小さい頃はあまり上手に自分の意見を他人に伝えることができない。日記はそのための練習で、自分の意見を言葉にする力を少しずつ育ててくれたのだ。[22] 自分の成長を記録するという意味でもやはり日記は宝物になってくれたのだと思う。

私も親になって、いつの間にか私にそっくりな小学生の息子ができた。息子も私に似ていて日記を書くことをいやがるのだが、30年前の私が書いた日記を見せるつもりだ。[23] きっと息子もなぜ日記を書くか納得してくれるはずだ。

19

1　くださる　　2　あげる　　3　もらう　　4　くれる

20

1　見える　　2　見せる　　3　見かける　　4　見守る

21

1　書けたか　　2　書いたか　　3　書かれたか　　4　書かせたか

22

1　まったく　　2　いきなり　　3　少しずつ　　4　急に

23

1　そうすると　　2　どうしても　　3　あれで　　4　このように

問題4　つぎの(1)から(4)の文章（ぶんしょう）を読んで、質問に答えなさい。答えは、1・2・3・4から最もよいものを一つえらびなさい。

(1)

きゅうりは独特な匂いがするため、苦手な人も多い。しかし、きゅうりにはビタミンやカリウムがたくさん含まれていて、体にとてもいい。それにカロリーも低いのでたくさん食べても太らない。水分も多いから、夏に食べると夏バテの予防にもいい。また、肌の健康維持にもいい野菜だ。韓国では夏になるときゅうりを薄く切ってパックをする人も少なくない。

24 この文章全体のテーマは何か。

1　きゅうりを克服する方法

2　きゅうりの効能

3　きゅうりの調理法

4　きゅうりの育て方

(2)

これは、あるマンションの案内文である。

【駐車料金のお知らせ】

駐車料金についてご案内いたします。
今までは訪問客の駐車料金が無料でしたが、2024年２月１日より下記のように駐車料金をいただきます。

最初の30分までは無料
以降、30分ごとに150円

24時間以上駐車場をご利用の訪問客は出庫時に管理室にご連絡ください(Tel.03-3338-0849、24時間対応可)。
なお、居住者の方は、今まで通り無料でご利用いただけます。

さくらマンション管理室

25 このお知らせの内容からわかることは何か。

1 訪問客が車を２時間停めた場合の料金は450円になる。
2 このマンションに住んでいる人は今まで駐車料金が有料だった。
3 駐車場を利用する場合、利用前に管理室に連絡しなければならない。
4 このマンションの駐車場に24時間以上車を停めてはいけない。

(3)

ダイエットをするために、運動量を増やしたり食事の量を減らしたりする人が多い。しかし、実は運動と食事以外にも重要な要素がある。それは睡眠である。一見、寝ることとダイエットは関係がないように見えるが、睡眠はやせる体をつくるうえでとても大事な要素である。睡眠は乱れたホルモンバランスを整え、普段の生活で受けるストレスを減らしてくれる。また、疲れた体も回復させてくれるため、次の日の運動の効率も上がる。

26 この文章で最も言いたいことは何か。

1　ダイエットをする時に重要な要素

2　ダイエットにおける運動の重要性

3　ダイエットの時に食事面で気をつけること

4　ダイエットをする時にストレスを減らす方法

(4)

アップサイクリングとは、上という意味の英語アップとリサイクリング(注)をかけ合わせた言葉で、古い物をより良くするという意味を持つ。要らなくなったものやゴミを再利用して、新たに価値のある製品に変えることである。これによって資源の無駄を減らし、環境保全に寄与できる。例えば、古くて着なくなった服をリメイクしてバッグをつくったり、使わなくなった机を解体して本棚をつくったりすることが、日常生活でよく見かけるアップサイクリングだ。

(注) リサイクリング：ごみを再利用すること

27 アップサイクリングについて、本文の内容と<u>合っていないもの</u>はどれか。

1 アップサイクリングとは、古くなった物を別の物にする方法である。

2 資源を無駄に使うことを防ぐことができる。

3 新しい机や本棚を使って別の物をつくることである。

4 使わなくなった服や家具もアップサイクリングの材料になる。

問題５　つぎの⑴と⑵の文章を読んで、質問に答えなさい。答えは、１・２・３・４から最もよいものを一つえらびなさい。

(1)

会社の同僚に海外旅行が好きな人がいる。国内なら、あまりお金も時間もかからないから私もよく行くのだが、彼女の場合は３か月に１回は海外に行くから、不思議に思っていた。気になって「なぜそんなに海外に行くか」と聞いたら、「日常に感謝する気持ちを持つために」海外に行くのだと彼女は答えた。

３か月に１回も海外に行くとお金がかかるから、一番安い飛行機のチケットをとって、ホテルもなるべく安いところに泊まるという。タクシーにも乗らず、現地での移動も必ず電車やバスを選ぶそうだ。食事ももちろんレストランではなく、ストリートフードが多いという。それだと大変じゃないかと聞いたら、彼女は「家族がいて、３食温かいご飯が食べられて、ゆっくり休めるお家があって、言葉が通じて自分の気持ちを分かってくれる友達がいることがどれだけ幸せな事かを忘れることが多い気がします。その気持ちを忘れる頃に旅に出て、あえて大変な経験をしてみると、自分が普段どれだけいい環境にいるかが分かります」と答えた。そのためか、旅行から帰ってくると仕事も生活もがんばれるという。

私は彼女の言葉を聞いて、なぜ海外旅行に行くか納得した。確かに、私も普段自分の環境に不満を言うことはあっても、感謝することはあまりなかったかもしれない。彼女ほど旅行には行けないが、感謝の気持ちだけは忘れないでいたい。

28　その気持ちとはどんな気持ちか。

1　３か月に１回は海外に行きたい気持ち

2　自分の日常に幸せを感じる気持ち

3　普段の生活に不満を言いたい気持ち

4　家に帰ってきたい気持ち

29 会社の同僚はなぜ海外旅行に行っているか。

1　海外のストリートフードを食べてみたいから

2　安いホテルや電車、バスなど、現地の文化を体験したいから

3　国内旅行にはあまり興味がないから

4　普段自分がどれだけいい環境におかれているかを感じるために

30 この文章全体のテーマは、何か。

1　海外旅行に行く理由

2　海外旅行にかかる費用

3　適切な海外旅行の回数

4　海外旅行でやるべきこと

(2)

出張や旅行で海外に行くと、体のリズムが乱れて時差ぼけを経験する。夜も眠れなかったり、昼なのに急に眠くなったりする。また、たくさん寝ても寝た気がしないほど、睡眠が浅くなることも多いから数日間はどうしても苦労する。このような問題を防ぐために、いくつかの方法を紹介する。

出発する前なら、出発の数日前から現地との時差を考えて寝る時間を調整した方がいい。飛行機の中で快適に過ごせるようにアイマスクやヘッドホンなどを用意するのもいい。ただし、眠れないからと言って飛行機の中でゲームをしたり動画を見たりすると、目からブルーライトが入って逆効果になるから注意が必要だ。カフェインやアルコールを飲むことも深い睡眠をじゃまするのであまりよくない。

現地に着(つ)いてからは、眠かったり疲れたりしていても、なるべく現地の時間に合わせて行動をした方がいい。昼間は外に出て自然光をあびたり、軽い運動をして汗を流したりすることも時差ぼけを軽減できる。もし、夜眠れない時は、温めた牛乳を飲むと、体も温まってぐっすり眠れる。

31 このような問題とあるが、どんな問題か。

1 長時間寝たのに疲れがとれないこと

2 眠れなくなってお酒を飲むこと

3 夜になったらすぐ寝てしまうこと

4 昼間に寝たくないこと

32 時差ぼけを直すために、やってはいけないことはどれか。

1　海外に行く前から、現地時間に合わせて寝る時間を調整する。

2　コーヒーはなるべく控える。

3　機内が明るい可能性があるのでアイマスクを持って行く。

4　飛行機の中で眠れない時は映画を見る。

33 現地に着(つ)いてからの行動として、本文の内容と合っていないものはどれか。

1　現地時間は気にせず、到着したらまず寝る。

2　夜眠れない時は牛乳を温めて飲むといい。

3　昼に外に出て太陽の光をあびる。

4　少し運動をして、汗を流す。

問題６　つぎの文章を読んで、質問に答えなさい。答えは、１・２・３・４から最もよいものを一つえらびなさい。

最近、スマートフォンを新しく買ったが、箱の中に説明書が入っていないことにおどろいた。問い合わせてみたところ、文字を読んで情報を得るより、画像や動画の方に親しみを持っている世代を配慮して、紙の説明書ではなくて動画で説明書をつくったという。動画を見てスマートフォンの設定を無事終えたが、これで本当に大丈夫かと少し心配になった。

文字を読むことは新しい単語やフレーズを学び、それを適切に使用する能力の向上につながる。文字を読むトレーニングをすることで、ビジネスや社会生活で必要な難しい言葉を覚えることもできる。そして、時間をかけて長いテキストを読むことで、集中力も育てられ、目標を達成するための持続力も身につく。自分とは違う視点や感情を理解することで共感能力も高められる。

特に、最近はスマートフォンやパソコンで文字を入力するようになったため、昔と比べて文字を手で書くこともさらに減ってきた。簡単な漢字なのに書けなかったり、漢字の間違いに気付けなかったりすることも多くなった気がする。普段から音声や画面ではなく、字を読むトレーニングをしていると、漢字のミスにも対応できるのではないか。

文字で知識を得るより、動画や画像で知識を得ることの方が圧倒的に多くなってきた世の中だ。こういう時こそ、あえて時間をかけて文字で読んで、文章を書いた人の気持ちになって読んでみるのもいいトレーニングになるかもしれないと私は思うのだ。

34　これとは、どのようなことか。

1　箱の中に説明書が入っていないこと

2　画像ではなく動画で情報を得ていること

3　紙ではなく動画で情報を得ていること

4　スマートフォンの設定ができないこと

35 この文章を書いた人が思う文字を読むことのメリットではないものはどれか。

1　ビジネスなどで使う難しい言葉が覚えられる。

2　自分と同じ意見を持つ人とだけ共感できる。

3　長い文章を読むと、集中力が上がる。

4　新しいフレーズを覚え、使用する力ができる。

36 スマートフォンやパソコンをたくさん使ってから生じた問題は何か。

1　字を読むことがさらに減ったため、漢字が書けなくなった。

2　字を読むことがさらに減ったため、漢字の間違いに気付けなくなった。

3　字を書くことがさらに減ったため、漢字の入力ができなくなった。

4　字を書くことがさらに減ったため、自分の手で漢字が書けなくなった。

37 この文章で「私」が一番言いたいことは何か。

1　あえて時間をかけて、文字で情報を得ることをおすすめしたい。

2　文字を読む練習をして、目標達成の喜びを感じてほしい。

3　字を読むトレーニングで漢字のスキルも身につけたい。

4　文字を読むことは手間がかかるから、控えたい。

問題7　右のページは、音楽教室のスケジュールと授業料である。これを読んで、下の質問に答えなさい。答えは、１・２・３・４から最もよいものを一つえらびなさい。

38　佐藤さんは７歳になる双子の兄弟にピアノを習わせたいと思っている。授業料はいくらで、曜日と時間はいつになるか。

1　8000円、月曜と木曜の15時～16時

2　12000円、月曜と木曜の15時～16時

3　16000円、火曜と金曜の18時～19時

4　20000円、火曜と金曜の18時～19時

39　高橋さんはピアノを習いたい。育児や仕事で自由に時間を選べるほうがいい。高橋さんに合うコースはどれか。

1　週１回コース

2　週２回コース

3　月２回コース

4　予約コース

ドレミ音楽教室

子どもも大人もみんな音楽の世界へようこそ！

「子ども音楽教室」

科目	対象年齢	曜日・時間	授業料
ピアノA	３歳～８歳	月・木 15時～16時	8000円/１か月
ピアノB	６歳～12歳	火・金 18時～19時	10000円/１か月
バイオリン	６歳～12歳	水・土 17時～18時	12000円/１か月
音楽理論	６歳～９歳	月・水・金 16時～17時	8000円/１か月

お子様二人目からは授業料が半額になります。
バイオリンやノートなどの学用品は提供しておりませんので、各自ご用意ください。

「大人のピアノレッスン」

科目	時間		授業料
週１回コース	１回30分	月３～４回	5000円/１か月
週２回コース	１回30分	月６～８回	9000円/１か月
月２回コース	１回１時間	第２・第４金曜日	5000円/１か月
予約コース	１回１時間	ご希望の日時 （月２回）	2500円/１回

お問い合わせは、カウンターまでお電話(03-1234-5678)くださいませ。

問題用紙

N3

聴解（ちょうかい）

（40分）

注　意

Notes

1. 試験が始まるまで、この問題用紙を開けないでください。
   Do not open this question booklet until the test begins.

2. この問題用紙を持って帰ることはできません。
   Do not take this question booklet with you after the test.

3. 受験番号（じゅけんばんごう）と名前を下の欄（らん）に、受験票と同じように書いてください。
   Write your examinee registration number and name clearly in each box below as written on your test voucher.

4. この問題用紙は、全部（ぜんぶ）で14ページあります。
   This question booklet has 14 pages.

5. この問題用紙にメモをとってもいいです。
   You may make notes in this question booklet.

受験番号（じゅけんばんごう） Examinee Registration Number	
名　前 Name	

問題 1

問題１では、まず質問を聞いてください。それから話を聞いて、問題用紙の１から４の中から、最もよいものを一つえらんでください。

れい

1　１時15分

2　１時30分

3　１時45分

4　２時

1ばん

1　パソコンを直す

2　書類のコピーをとる

3　会議室の予約をする

4　山田さんに連絡をする

2ばん

1　テーマパーク

2　デパート

3　植物園

4　遊園地

3ばん

1　ゆっくり休(やす)む

2　運動(うんどう)をする

3　お風呂(ふろ)に入(はい)る

4　病院(びょういん)に行(い)く

4ばん

1　この階(かい)で料理(りょうり)の雑誌(ざっし)を買(か)う

2　２階(かい)に行(い)く

3　この階(かい)で料理(りょうり)の本(ほん)を買(か)う

4　４階(かい)に行(い)く

5ばん

1

→

→

2

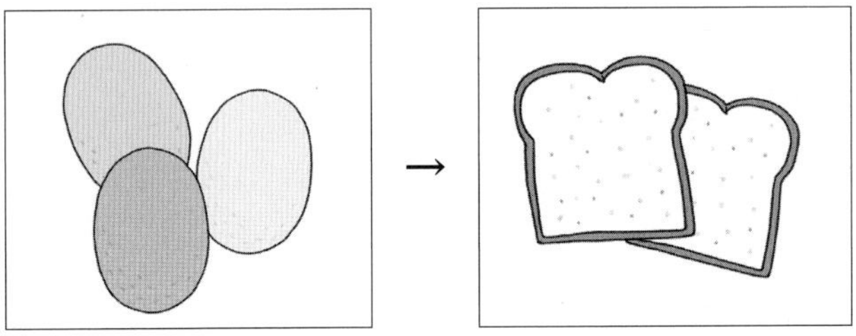

→

3

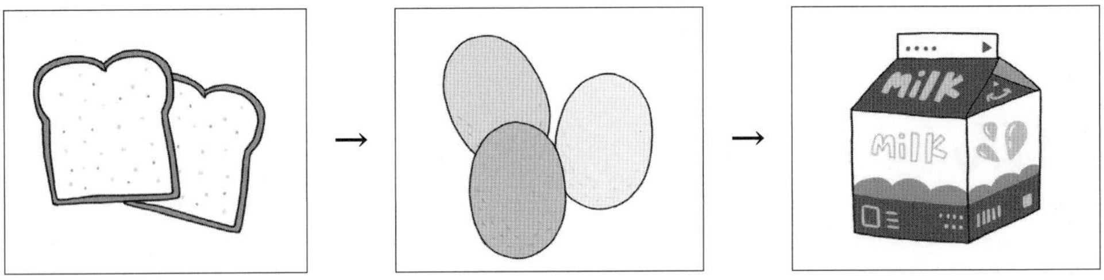

→

→

4

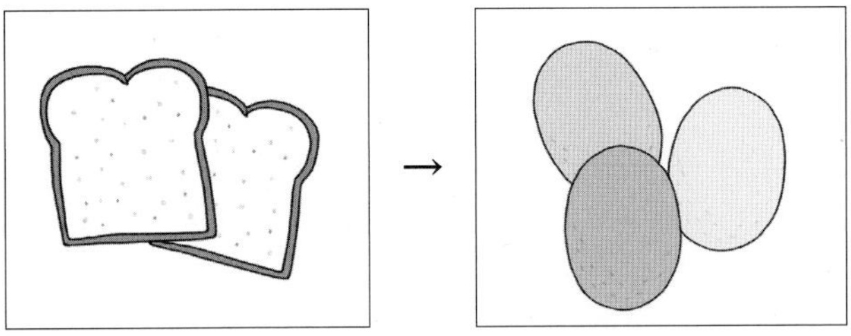

→

6ばん

1　中央駅(ちゅうおうえき)でバスに乗(の)る

2　郵便局(ゆうびんきょく)の前(まえ)でバスに乗(の)る

3　中央駅(ちゅうおうえき)で地下鉄(ちかてつ)に乗(の)る

4　郵便局(ゆうびんきょく)の前(まえ)で地下鉄(ちかてつ)に乗(の)る

問題 2

問題２では、まず質問を聞いてください。そのあと、問題用紙を見てください。読む時間があります。それから話を問いて、問題用紙の１から４の中から、最もよいものを一つえらんでください。

れい

1　さいきん　いそがしいから

2　いっしょに　行く人が　いないから

3　うんどうが　にがてだから

4　ねだんが　高いから

1ばん

1　デザインがかわいいから

2　軽(かる)いから

3　人気(にんき)だから

4　値段(ねだん)が安(やす)かったから

2ばん

1　中国語(ちゅうごくご)が好(す)きだから

2　中国語(ちゅうごくご)の先生(せんせい)が好(す)きだから

3　映画(えいが)が好(す)きだから

4　本場(ほんば)の中国語(ちゅうごくご)が聞(き)けるから

3ばん

1　学校(がっこう)と家(いえ)が遠(とお)いから

2　自立(じりつ)したかったから

3　一人(ひとり)の空間(くうかん)ができるから

4　交通費(こうつうひ)がかかるから

4ばん

1　サイズが合(あ)わなかったから

2　友達(ともだち)が同(おな)じものを持(も)っているから

3　もっと安(やす)いものを見(み)つけたから

4　色(いろ)が気(き)に入(い)らなかったから

5ばん

1　光熱費(こうねつひ)が高(たか)いから

2　会社(かいしゃ)と遠(とお)いから

3　管理費(かんりひ)が高(たか)いから

4　近所(きんじょ)の人(ひと)がうるさいから

6ばん

1　思(おも)ったより早(はや)く上手(じょうず)にならないこと

2　単語(たんご)が覚(おぼ)えられないこと

3　発音(はつおん)がまねできないこと

4　たくさん聞(き)いても分(わ)からないこと

問題3

問題3では、問題用紙に何もいんさつされていません。この問題は、ぜんたいとしてどんなないようかを聞く問題です。話の前に質問はありません。まず話を聞いてください。それから、質問とせんたくしを聞いて、１から４の中から、最もよいものを一つえらんでください。

－ メモ －

問題4

問題4では、えを見ながら質問を聞いてください。やじるし（→）の人は何と言いますか。１から３の中から、最も よいものを一つえらんでください。

れい

1ばん

2ばん

3ばん

4ばん

もんだい 問題 5

問題5では、問題用紙に何もいんさつされていません。まず文を聞いてください。それから、そのへんじを聞いて、１から３の中から、最もよいものを一つえらんでください。

– メモ –

정답 172쪽

준비 다 되셨나요?

1. HB연필 또는 샤프, 지우개를 준비하셨나요?

2. 답안용지는 본책 193쪽에 수록되어 있습니다. 두 장을 잘라 각 영역에 맞게 답을 기입하세요.

3. 청해 영역을 풀 때는 QR코드를 스캔해서 듣기 파일을 준비해 주세요.
(청해 파일은 맛있는북스 홈페이지(www.booksJRC.com)에서도 무료로 다운로드 할 수 있습니다.)

もんだいようし

N3

げんごちしき（もじ・ごい）

（30ぷん）

ちゅうい
Notes

1. しけんが　はじまるまで、この　もんだいようしを　あけないでください。
   Do not open this question booklet until the test begins.

2. この　もんだいようしを　もって　かえる　ことは　できません。
   Do not take this question booklet with you after the test.

3. じゅけんばんごうと　なまえを　したの　らんに、じゅけんひょうとおなじように　かいて　ください。
   Write your examinee registration number and name clearly in each box below as written on your test voucher.

4. この　もんだいようしは、ぜんぶで　5ページ　あります。
   This question booklet has 5 pages.

5. もんだいには　かいとうばんごうの　1、2、3　…　が　ついて　います。かいとうは、かいとうようしに　ある　おなじ　ばんごうの　ところに　マークしてください。
   One of the row numbers 1, 2, 3 … is given for each question. Mark your answer in the same row of the answer sheet.

じゅけんばんごう　Examinee Registration Number	

なまえ　Name	

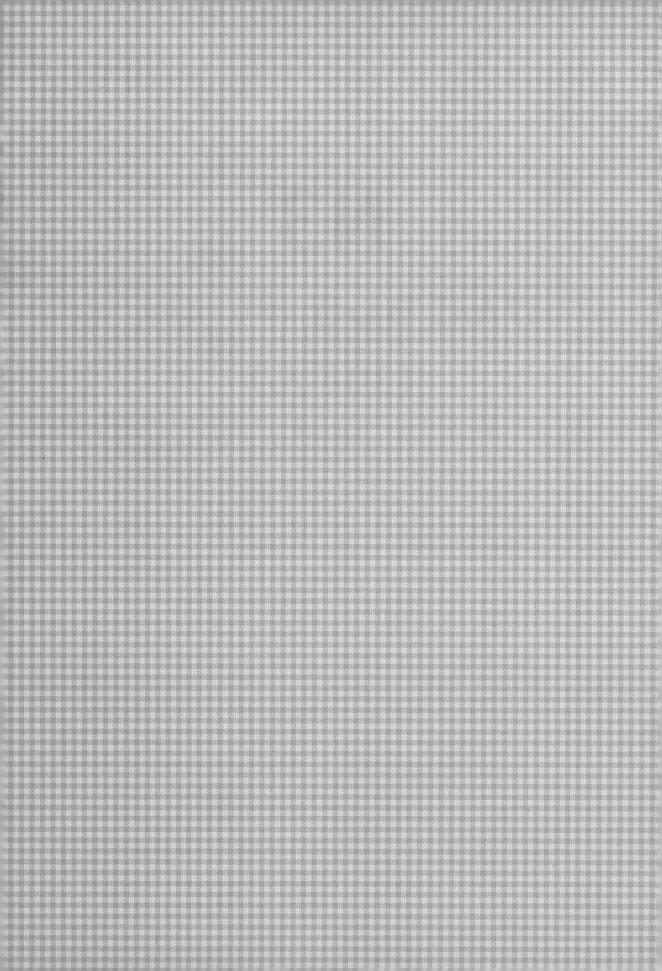

問題１　＿＿＿のことばの読み方として最もよいものを、１・２・３・４から一つえらびなさい。

1 彼女は文章を書くのが、得意だ。

1　もんしょ　2　もんしょう　3　ぶんしょ　4　ぶんしょう

2 私の趣味は、プラモデルを収集することです。

1　しゅしゅう　2　しゅうしゅう　3　そしゅう　4　そうしゅう

3 家庭菜園で育てていたトマトが枯れてしまった。

1　かれて　2　こわれて　3　すたれて　4　なれて

4 家にある使わないものをなかなか捨てることができない。

1　あてる　2　かてる　3　すてる　4　たてる

5 清水寺(きよみずでら)は日本の代表的な寺院の一つだ。

1　たいひょうてき　2　だいひょうてき

3　たいようてき　4　だいようてき

6 午後から次第に天気が悪くなってきた。

1　しだい　2　じだい　3　してい　4　じてい

7 若いうちに富士山に一度登ってみたい。

1　えらい　2　つらい　3　にがい　4　わかい

8 レンズに傷がついてしまった。

1　きす　2　きず　3　しょう　4　じょう

問題２　＿＿＿のことばを漢字で書くとき、最もよいものを、１・２・３・４から一つえらびなさい。

9 何もないところなのに、ころんでしまった。

1　軽んで　　2　転んで　　3　経んで　　4　伝んで

10 この木のはは秋になると黄色くなる。

1　葉　　2　芽　　3　種　　4　枝

11 近年、海外からのゆにゅう食品が増えている。

1　輸人　　2　輸入　　3　輸人　　4　輸入

12 くわしいことは明日説明します。

1　易しい　　2　相応しい　　3　詳しい　　4　激しい

13 日本はアジア各国との貿易がさかんだ。

1　叫んだ　　2　坂んだ　　3　富んだ　　4　盛んだ

14 発表が終わったら、こちらにあいずを送ってください。

1　合図　　2　合度　　3　合手　　4　合号

問題3　（　　　）に入れるのに最もよいものを、1・2・3・4から一つえらびなさい。

15　このケーキは砂糖(さとう)を入れすぎたので、少し（　　　）だろう。

1　苦い　　2　すっぱい　　3　甘い　　4　辛い

16　こちらの部屋に入る前に、靴を（　　　）ください。

1　脱いで　　2　付けて　　3　降ろして　　4　かぶって

17　あの映画は居眠りしてしまうほど（　　　）映画だった。

1　得意な　　2　退屈な　　3　短気な　　4　新鮮な

18　彼は緊張しているようで、手が少し（　　　）いた。

1　震えて　　2　触れて　　3　冷えて　　4　疲れて

19　仕事の日と休みの日の（　　　）も大事にするといいと思います。

1　プライド　　2　バランス　　3　ボリューム　　4　ユーモア

20　ここにある荷物を（　　　）もらえますか。

1　運んで　　2　動いて　　3　見つけて　　4　移って

21　時間が余ったので、駅前で（　　　）していた。

1　いらいら　　2　うとうと　　3　うろうろ　　4　にこにこ

22　昨日運動しすぎたせいか、（　　　）を痛めたかもしれない。

1　頭　　2　顔　　3　腹　　4　腰

23　駅のゴミ箱に家庭ゴミを（　　　）ないでください。

1　散ら　　2　投げ　　3　置か　　4　捨て

24　彼はいつも（　　　）で明るい性格なので、クラスでも人気がある。

1　代表的　　2　積極的　　3　具体的　　4　一般的

25　このカフェは私が留学時代から（　　　）に入っている場所だ。

1　頭　　2　目　　3　気　　4　口

問題4 ＿＿＿に意味が最も近いものを、1・2・3・4から一つえらびなさい。

26 申し訳ありませんが、伝言をお願いしてもよろしいでしょうか。

1 アドバイス 2 トレーニング 3 メッセージ 4 リーダーシップ

27 このコピー機はまだ1年も使っていないのに、故障してしまった。

1 解けて 2 壊れて 3 整って 4 分かれて

28 体調が悪いのなら、卒業パーティーに行けないのもしょうがないね。

1 方法がない 2 おもしろくない
3 大変残念だ 4 とても悲しい

29 近年、次々と新しい技術が開発されている。

1 徐々に 2 そろそろ 3 どんどん 4 ゆっくり

30 ずっと音信不通だった父とやっと連絡がついて、ほっとした。

1 心が温かくなった 2 安心した
3 安全になった 4 楽しかった

問題５　つぎのことばの使い方として最もよいものを、１・２・３・４から一つえらびなさい。

31 用意

1　運動会の前にみんなで用意運動をした。

2　すぐに出かける用意をしなさい。

3　最近、犯罪が多いようだから用意しなさい。

4　よく緊張してしまうので、本番までに心の用意が必要だ。

32 ぴったり

1　このシャツは彼女にぴったりだと思う。

2　校門前でクラスメイトにぴったり会った。

3　彼はお父さんと本当にぴったりで、特に目が似ている。

4　いきなり指名されてぴったりしてしまった。

33 今ごろ

1　今ごろ流行っている動画はどんなものですか。

2　今ごろの若者はスマートフォンがないと生活できないだろう。

3　彼は多分今ごろ寝ているはずだ。

4　今ごろしてきた努力のおかげで合格できた。

34 懐かしい

1　テストでこの懐かしい問題を間違えてしまった。

2　小学校のアルバムを見ながら、懐かしい気分になった。

3　このおもちゃは懐かしいので、触る時には気を付けてください。

4　うちのいとこはまだ中学生なのに、高校数学の問題を解いていて懐かしい。

35 目がない

1　今日は会議に外回りまであって、目がない一日だ。

2　彼はいつも自分中心で目がない性格だ。

3　彼女は仕事中にもあくびばかりしていて、目がない。

4　私の娘は甘いものには目がない。

N3

言語知識（文法）・読解

（70分）

注　意

Notes

1. 試験が始まるまで、この問題用紙を開けないでください。
Do not open this question booklet until the test begins.

2. この問題用紙を持って帰ることはできません。
Do not take this question booklet with you after the test.

3. 受験番号と名前を下の欄に、受験票と同じように書いてください。
Write your examinee registration number and name clearly in each box below as written on your test voucher.

4. この問題用紙は、全部で19ページあります。
This question booklet has 19 pages.

5. 問題には解答番号の 1、2、3 … が付いています。
解答は、解答用紙にある同じ番号のところにマークしてください。
One of the row numbers 1, 2, 3 … is given for each question. Mark your answer in the same row of the answer sheet.

受験番号　Examinee Registration Number	
名　前　Name	

問題1　つぎの文の（　　　）に入れるのに最もよいものを、1・2・3・4から一つえらびなさい。

1　私（　　　）その試験に合格した。

1　しか　　2　だけ　　3　どころか　　4　とは

2　引っ越しの手伝い（　　　）来てくれると嬉しいです。

1　に　　2　で　　3　を　　4　へ

3　日曜日も（　　　）人は手を挙げてください。

1　来させる　　2　来られる　　3　来させれる　　4　来られている

4　この表からもわかる（　　　）、売上が増加しています。

1　ばかりに　　2　そうに　　3　らしく　　4　ように

5　前から（　　　）と思っていたことがあるのですが…。

1　話す　　2　話した　　3　話そう　　4　話しよう

6　この写真（　　　）服は売っていますか。

1　みたいだ　　2　みたいな　　3　みたいに　　4　みたいの

7　退社するときにこのパソコン、（　　　）くれる？

1　消えといて　　2　消しといて　　3　消えないで　　4　消さなくて

8 天気予報に（　　　）、週末台風が上陸するとのことだ。

1　よる　　2　よって　　3　より　　4　よれば

9 冷蔵庫を（　　　）っぱなしにしちゃいけないよ。

1　開け　　2　開ける　　3　開けた　　4　開けて

10 眠いから（　　　）10分だけ寝かせてほしい。

1　あと　　2　もっと　　3　より　　4　それから

11 同級生には３年前に（　　　）会っていません。

1　会ったきり　　2　会いかけ

3　会ったままに　　4　会ったところで

12 幼い頃はこの広場でよく遊んだ（　　　）。

1　ことだ　　2　ところだ

3　わけだ　　4　ものだ

13 こんなにひどい目にあったのに、そう簡単に彼を（　　　）。

1　許すわけじゃない　　　　2　許すわけにはいかない

3　許さないわけじゃない　　　　4　許さないわけにはいかない

問題２　次つぎの文の＿★＿に入る最もよいものを、１・２・３・４から一つ選びなさい。

（問題例）

いすの ＿＿＿ ＿＿＿ ＿★＿ ＿＿＿ います。

1　ねこ　　2　が　　3　下　　4　に

（解答のしかた）

1．正しい答えはこうなります。

いすの ＿＿＿ ＿＿＿ ＿★＿ ＿＿＿ います。 3 下　4 に　1 ねこ　2 が

2．＿★＿に入る番号を解答用紙にマークします。

（解答用紙）

（例）	● ② ③ ④

---

14 結局、大学を卒業したら ＿＿＿ ＿＿＿ ＿★＿ ＿＿＿ なった。

1　ことに　　2　つぐ　　3　父の　　4　店を

15 信号を守っていたのに、＿＿＿ ＿★＿ ＿＿＿ ＿＿＿ がある。

1　ひかれた　　2　車に

3　信号無視をした　　4　こと

16 （レストランで）

客[きゃく]「すみませんが、コース料理のデザートを ＿＿＿ ＿＿＿ ＿★＿ ＿＿＿ でしょうか。」

店員「かしこまりました。」

1　ことが　　2　できます　　3　いただく　　4　変更して

17 彼について ＿＿＿ ＿＿＿ ＿★＿ ＿＿＿ ますます好きになった。

1　知るほど　　2　知れば　　3　見えてきて　　4　新たな魅力が

18 週末は ＿＿＿ ＿＿＿ ＿★＿ ＿＿＿ 雨が降るでしょう。

1　九州にかけて　　2　梅雨前線の影響を

3　北海道から　　4　受けるため

問題３　つぎの文章(ぶんしょう)を読んで、文章全体(ぶんしょうぜんたい)の内容(ないよう)を考えて、[19]から[23]の中に入る最もよいものを、１・２・３・４から一つえらびなさい。

下の文章は、留学生が書いた作文です。

日本の四季

スティーブン

私が日本に来て一番驚いたことは、日本の四季の [19] です。私の母国にも四季はありますが、日本ほどはっきりとした変化は感じません。春、夏、秋、冬、それぞれの季節に独特の風景やイベントがあり、日本人はその移り変わりをとても大切にしているように感じます。

[20]、春の桜と秋の紅葉が代表的で、私も毎年楽しみにしています。

春は、桜の季節です。桜の花が咲くと、日本中がピンクに染まり、たくさんの人々が公園でお花見を楽しみます。私は初めてのお花見で、友達と一緒に桜の木の下でお弁当を食べました。日本人は桜が咲くと、一瞬の美しさを大事にし、自然の儚(はかな)さ(注１)を感じている [21]。

秋になると、紅葉が [22]。特に京都や奈良の紅葉はとても有名で、私も去年訪れました。赤や黄色に染(そ)まった(注２)山々は、写真では伝わらないほど美しく、自然の力強さが [23]。夏の暑さが終わり、涼しい風が吹く秋は、私にとっても過ごしやすい季節です。四季が変わるごとに、季節ごとの楽しみ方がある日本は本当に魅力的な国だと思います。

（注１）儚(はかな)さ：長く続かないこと。消えやすいこと

（注２）染(そ)まる：その色になる

19

1　美しい　　2　美しみ　　3　美しさ　　4　美しな

20

1　しかし　　2　ただ　　3　特に　　4　さらに

21

1　のだと思います　　2　はずがありません

3　といけないのです　　4　ことだとは限りません

22

1　きれいでなります　　2　きれいになります

3　きれいくなります　　4　きれいなります

23

1　感じました　　2　感じています

3　感じられました　　4　感じさせられます

問題4　つぎの(1)から(4)の文章を読んで、質問に答えなさい。答えは、1・2・3・4から最も よいものを一つえらびなさい。

(1)

バラの花言葉を知っていますか。色によっても様々な意味がありますが、バラは「美」という花言葉を持っています。花言葉の習慣は、17世紀のトルコで始まり、イギリスを経て19世紀に日本に伝わりました。花言葉は神話や昔話、花の特徴、国や民族のイメージからつけられ、1つの花に複数の花言葉があることもめずらしくありません。日本では独自の花言葉も生まれ、新品種の花には生産者や販売会社が決めたり、公募で花言葉が決められたりするそうです。花言葉は世界各地での花のイメージに基づいてつけられるので、花言葉を通じて、その国の文化や歴史を知ることもできるでしょう。

24　1つの花に複数の花言葉があるのは、どうしてか。

1　ヨーロッパとアジアで花言葉に対する考え方が違うから

2　日本だけが独自に花言葉をつける文化を持っているから

3　世界各地における花のイメージが様々だから

4　公募によって花言葉が決められることになっているから

(2)

ある日の朝、キムさんが出勤すると、机の上に中村部長からのメモが置いてあった。

> キムさん
>
> 　お疲れ様です。来週の企画会議で使う資料を確認しました。内容もわかりやすくて、いいと思います。ただ、フォントが統一されていませんでしたので、そこだけ修正をお願いできますか。あと、印刷もしてほしいのですが、カラーではなくモノクロで印刷しておいてください。当日はスクリーンに図や表を映しますから。
>
> 　今週の金曜日までに仕上げたいのですが、金曜日は外回りがあって忙しいと思うので、木曜日までに印刷までお願いします。
>
> 10/1（火）　中村

25 このメモを読んで、キムさんがしなければならないことは何か。

1　今週中に企画会議の資料の内容を全体的に統一する。

2　今週木曜日までに企画会議の資料のフォントを修正してモノクロで印刷する。

3　今週木曜日までに企画会議の資料の図や表をカラーで印刷する。

4　来週の企画会議までに資料のフォントを修正してスクリーンに映す。

(3)

これは大学の学生が自身の指導教授に送ったメールである。

あて先：prf.sugiyama@jrc-daigaku.ac.jp

件　名：卒業論文に関するご相談

日　時：2024/04/01　10:00

添　付：卒業論文序論_塩田_240401.docx

杉山先生

いつもお世話になっております。

社会科学学部社会学科４年の塩田です。

卒業論文の件でご連絡いたしました。

論文のテーマをまとめて、序論の部分を書いてみたのですが、

一度お読みいただけますでしょうか。

前回の面談で指摘(してき)してくださった部分を反映してあります。

お忙しいところ恐縮(きょうしゅく)ですが、どうぞよろしくお願いいたします。

＝＝＝＝＝＝＝＝＝＝＝＝＝＝＝＝＝

常楽町大学社会科学学部社会学科４年

塩田 賢人（しおだ まさひと）

メール：masa1010@jrc-daigaku.ac.jp

電　話：090-1234-5678

＝＝＝＝＝＝＝＝＝＝＝＝＝＝＝＝＝

26　学生がこのメールを送った目的は何か。

1　指導教授と面談をしたいと頼むこと

2　指導教授と論文のテーマについて討論したいと頼むこと

3　指導教授に論文の一部を見てもらうこと

4　指導教授に論文に関する指摘をさせてもらうこと

(4)

コンビニの24時間営業については、便利さと労働環境といった面から賛否が分かれています。賛成派は、夜間でも急な買い物をしたり、サービスを利用したりすることができるのが大きな利点だと主張していますが、反対派は、深夜の営業がスタッフに負担をかけ、過酷(かこく)(注)な労働環境を生む原因になっていると懸念(けねん)しています。また、少子高齢化にともなう人手不足や、深夜営業の必要性が疑問視されるなど、社会的な議論も続いており、地域ごとのニーズに合わせた柔軟な対応をしていくことが求められています。

(注) 過酷(かこく)：きびしいこと

27 この文章では、社会において何が求められると言っているか。

1 需要に応じた24時間営業をしていくこと

2 24時間営業に関する社会的な議論を十分に進めていくこと

3 コンビニで働くスタッフに深夜営業による負担をかけないこと

4 少子高齢化問題を解決し、人手不足を解消すること

問題５　つぎの(1)と(2)の文章（ぶんしょう）を読んで、質問に答えなさい。答えは、１・２・３・４から最もよいものを一つえらびなさい。

(1)

日本の温泉文化は、古くから多くの人々に愛されており、日本の生活や旅行に欠かせない要素の一つです。温泉は火山活動によって自然に生み出されたお湯で、昔から体を癒（い）やす(注１)ために利用されてきました。温泉の中には、肌に良いとされる成分が含まれており、健康や美容の効果が期待されることも多いです。そのため、日本では「湯治（とうじ）」と呼ばれる温泉療法も行われてきました。

温泉に入る際（さい）には、いくつかのルールがあります。まず、お湯に入る前に体をしっかり洗うことが大切です。温泉はみんなで使う場所なので、清潔にしてからお湯に入るのが礼儀です。また、タオルを浴槽に入れないことや、静かに入浴することも重要なマナーです。これらのルールを守りながら温泉を楽しむことで、他の利用者との気持ちの良い時間を過ごすことができます。

日本にはたくさんの温泉地があり、それぞれに特徴があります。例えば、箱根（はこね）温泉は東京からもアクセスしやすく、観光地としても有名です。温泉以外の観光スポットに行くこともできるでしょう。また、「箱根十七湯（はこねじゅうしちとう）」という様々な種類のお湯を楽しむことができるところもあるそうです。それから、草津（くさつ）温泉も有名な温泉地ですが、こちらはお湯の温度が高温で、お湯の成分には硫黄（いおう）というガスがたくさん含まれているのが特徴です。こうした特徴を知ったうえで温泉に浸（つ）かる(注２)と、日々の疲れを癒（い）やしながら、日本の伝統文化についてもより深く理解できるでしょう。

（注１）癒（い）やす：病気や傷をなおしたり、つらいことをやわらげたりする
（注２）浸（つ）かる：お湯の中に入る

28 日本で「湯治」と呼ばれる温泉療法が行われてきたのはどうしてか。

1 温泉が健康や美容にもよい効果があると考えられるから

2 温泉が肌にいい成分だけが含まれた天然のお湯だから

3 温泉が火山活動によって生み出されたいいお湯だから

4 温泉が昔から日本人の生活や旅行に必要なものだから

29 温泉に入る際のルールとして合っているものはどれか。

1 お湯でしっかりと自分の体を洗わなければいけない。

2 病気の人はお湯に入ることができない。

3 温泉ではタオルを使用してはいけない。

4 温泉ではなるべく静かに過ごしたほうがよい。

30 この文章を書いた人の考えと合っているものはどれか。

1 箱根温泉は東京からも行きやすいので、ぜひ観光旅行に行くべきだ。

2 箱根に行ったら、箱根十七湯で様々な種類の温泉を楽しんだほうがいい。

3 草津温泉はお湯が高温であるため、お年寄りは行かないほうがいい。

4 温泉の特徴を知り、温泉を楽しむことは、日本の伝統文化を理解することにもなる。

(2)

ごみの分別は、環境を守るためにとても重要な活動です。日本ではリサイクルを促進し、資源を無駄にしないために、家庭やオフィスで出るごみを種類ごとに分ける必要があります。例えば、燃えるごみ、燃えないごみ、プラスチック、古紙(こし)、ビン、カンなど、多くのカテゴリーに分けられています。こうした分別をすることで、リサイクルされる資源が増え、埋(う)め立(た)て(注)ごみを減らすことができます。

ごみの分別をする際には、いくつかの注意点があります。まず、地域によって分別のルールが異なることがあるので、自分が住んでいる地域のルールをよく確認することが大切です。同じごみでも地域によって分別するカテゴリーが異なることもあります。また、リサイクルできるごみはきちんと洗ってから出す必要があります。例えば、プラスチック容器やビンは汚れたままではリサイクルしにくいので、きれいにしてから指定された日に出さなければなりません。

しかし、分別にはいくつかの問題点もあります。ルールが複雑で、特に外国人にとっては理解が難しいことがあるため、誤った分別が問題になることもあります。また、分別が厳しすぎてストレスを感じる人もいます。このような問題を解決するために、自治体やコミュニティでは分別ルールの説明を工夫したり、より多くの人に知ってもらえるよう広報したりする取り組みが行われています。ごみの分別を正しく行うことは、私たちの環境を守るために大切な一歩です。

(注) 埋(う)め立(た)て：海などに土や砂を運んで陸地にすること

31 日本でごみの分別が行われているのはなぜか。

1 家庭やオフィスなどから出るごみを種類ごとに分ける必要があるため。

2 日本ではごみを処理するための埋(う)め立(た)て用の土地が減っているため。

3 資源を再度活用し、無駄にすることがないようにするため。

4 地球環境を守るためにはすべての資源をリサイクルしなければならないため。

32 ごみの分別において注意しなければならないことはどれか。

1　自分が住んでいる近くの地域の分別方法まで覚えなければならないこと。

2　地域によって分別方法が異なることがあるということ。

3　すべてのごみはきれいに洗ってから出さなければならないこと。

4　プラスチックごみは汚れていると、リサイクルできないこと。

33 「ごみの分別ルール」についての説明で、合っているものはどれか。

1　ルールが複雑で高齢者や外国人は理解できないことが多いため、問題である。

2　自治体やコミュニティでは分別ルールをわかりやすく伝える取り組みを行っている。

3　ルールが厳しいため、多くの人々にストレスを与える結果になっている。

4　ルールを守ることは環境問題を解決するうえで最も大切なことである。

問題6　つぎの文章を読んで、質問に答えなさい。答えは、1・2・3・4から最もよいものを一つえらびなさい。

近年、人工知能の発展は、私たちの社会に大きな影響を与えつつある。現在、人工知能はさまざまな分野で活躍しており、日常生活にも深く関わっている。例えば、スマートフォンの音声アシスタントやオンラインショッピングサイトのレコメンドシステム(注)、さらには医療や自動運転技術など、人工知能の技術は多くの場面で活用されている。これらの技術は、効率性を向上させ、より便利な生活を提供しており、人工知能のさらなる進化が期待されている。

未来社会において、人工知能はさらに幅広い領域で活躍することが予測されている。人工知能の進化によって、人間の仕事の一部が自動化され、より高度な分析や判断を人工知能が行うようになるだろう。例えば、工場での製品製造や物流の自動化が進むことで、労働力不足の問題の一部が解決されるといわれている。また、人工知能を活用したヘルスケア分野では、より早期に病気を発見し、予防医療が実現されることが期待されている。教育分野でも、個々の学習者に合わせたカスタマイズされた学習環境が提供されるようになるだろう。

しかし、人工知能の進化は私たちの社会に新たな課題をもたらすともいわれている。特に懸念されるのは、労働市場への影響だ。多くの仕事が自動化されることで、一部の人々が仕事を失うリスクが高まる一方で、人工知能社会に対応するための新たなスキルや職業が求められる時代が来るかもしれない。さらに、人工知能が意思決定を行う際の倫理的な問題や、個人情報の取り扱いに関するプライバシー問題も重要な課題としてあげられている。これらの問題を解決するためには、法整備や技術開発だけでなく、社会全体での議論が必要となってくるだろう。

私たちの社会は、人工知能との共存をどのように進めるかをしっかり考えていく必要があるだろう。人工知能を上手に活用することで、私たちの生活はより豊かで効率的になる可能性はあるが、そのためには私たちひとりひとりが新しい技術を理解し、変化に適応することが求められる。それが未来の社会の形を大きく左右するだろう。

（注）レコメンドシステム：利用者のサイト内行動や閲覧・購入などのデータ、事前に設定した一定のルールにもとづき、各利用者に合わせた商品などを提案するシステム

34 人工知能は日常生活でどのように活用されているか。

1 効率性を向上させるような分野
2 スマートフォンを製造する分野
3 医者の代わりに医療行為をする分野
4 社会全般において大きな影響をもつ分野

35 人工知能は今後どのように活躍すると予測されているか。

1 人間のあらゆる仕事が自動化される。
2 学習分野に合わせた適切な学習環境が提供される。
3 ヘルスケアにおいて、病気を早期に感知し、完全に治してしまう。
4 今よりも高度な分析を人工知能がしてくれるようになる。

36 これらの問題とは、どのようなことか。

1 人工知能の発展により、労働市場において失業者が増加するという問題
2 人工知能が行う意思決定には倫理的な問題がともなうという問題
3 人工知能が個人情報を収集することでプライバシーが危なくなるという問題
4 人工知能に関する法整備や技術開発が進んでいないという問題

37 この文章を書いた人は、人工知能についてどのように考えているか。

1 どのように活用し共存するかを社会的に議論しなければならない。
2 上手に活用しながら、労働生産性を高める必要がある。
3 すべての人々が新たな人工知能技術について知っておく必要がある。
4 人工知能社会に適応するために、関連スキルを学んでおかなければならない。

問題７　右のページは、大型ショッピングセンターのチラシである。これを読んで、下の質問に答えなさい。答えは、１・２・３・４から最もよいものを一つえらびなさい。

38　４月から転勤で一人暮らしを始める中野さんは、新しく生活用品を揃えなければいけない。予算６万円以内でテレビと電子レンジ、日焼け止めを買うには、どのように買えばいいか。

1　商品一覧にあるものをそれぞれ単品で買う。

2　一人暮らしスタートパッケージを買う。

3　一人暮らしスタートパッケージを買って、日焼け止めを別に買う。

4　リビング充実パッケージを買って、日焼け止めを別に買う。

39　木下さんは自家用車がないため、宅配サービスで商品を受け取りたいと考えている。家事応援パッケージを買う予定で、会員カードはすでに持っている。レジで会計を済ませた後、どのようにすればいいか。

1　売り場係員に問い合わせてから申し込む。

2　１階の総合カウンターに行って申し込む。

3　２階のサービスカウンターに行って申し込む。

4　レジでレシートと会員カードを交換して申し込む。

おおいしショッピングセンター 新生活応援フェア

—３月30日から４月10日まで—

この春から新生活を送るみなさんのために、
下記の商品を割引価格でご提供いたします！

★コスメ＋１セール

商品名	価格	特典
マスクパック（５枚）	800円	リップクリーム１つ
クレンジングオイル	1,200円	ヘアクリームお試し用１つ
日焼け止め	2,000円	マスクパック１枚

★家電製品

商品名	価格	特典
ドライヤー	5,000円	ヘアクリームお試し用１つ
電子レンジ	15,000円	無料設置サービス
20型スマートテレビ	48,000円	無料設置サービス

★お得なパッケージ

パッケージ内容	価格
一人暮らしスタートパッケージ ドライヤー・電子レンジ・20型スマートテレビ	55,000円
リビング充実パッケージ 20型スマートテレビ・２人用ソファー	60,000円
家事応援パッケージ 掃除機・洗濯機・食器洗い洗剤	80,000円

※ 価格は全て税込価格です。

※ 商品には数に限りがございます。売り切れになることがあります。商品が見つからない場合は売り場の係員までお問い合わせください。

※ ３万円以上のお買い上げで、無料宅配サービスを行っております。詳しくはレシートと会員カードを持って、２階サービスカウンターまでお越しください。会員カードは１階の総合カウンターでご案内しております。

問題用紙

N3

聴解（ちょうかい）

（40分）

注　意
Notes

1. 試験が始まるまで、この問題用紙を開けないでください。
Do not open this question booklet until the test begins.

2. この問題用紙を持って帰ることはできません。
Do not take this question booklet with you after the test.

3. 受験番号（じゅけんばんごう）と名前を下の欄（らん）に、受験票と同じように書いてください。
Write your examinee registration number and name clearly in each box below as written on your test voucher.

4. この問題用紙は、全部（ぜんぶ）で14ページあります。
This question booklet has 14 pages.

5. この問題用紙にメモをとってもいいです。
You may make notes in this question booklet.

受験番号（じゅけんばんごう） Examinee Registration Number	
名　前 Name	

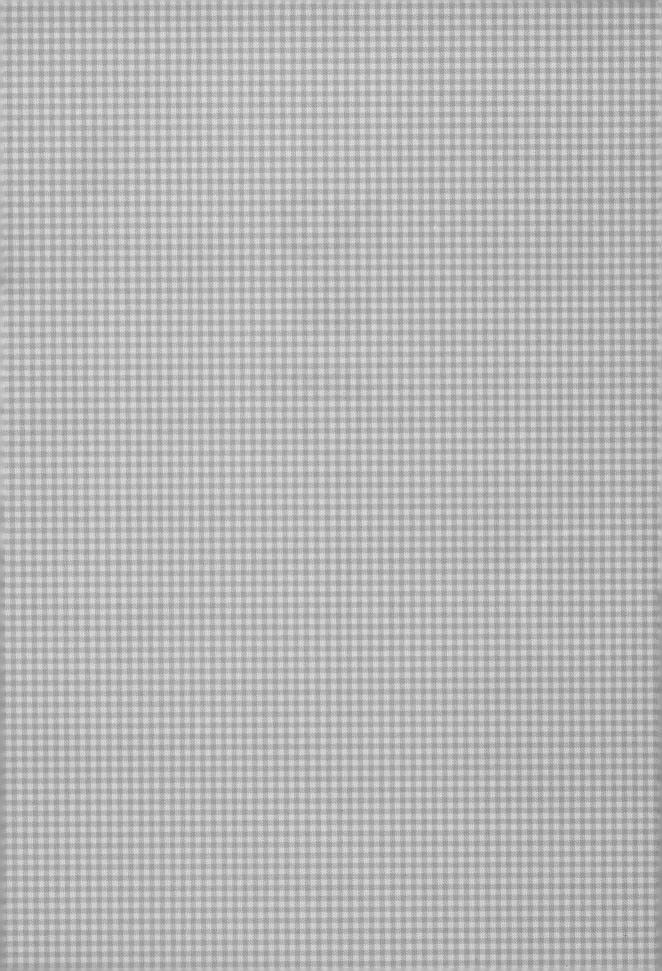

問題1

問題1では、まず質問を聞いてください。それから話を聞いて、問題用紙の1から4の中から、最もよいものを一つえらんでください。

れい

1　1時15分

2　1時30分

3　1時45分

4　2時

1ばん

パスタめん　2つ	ア
たまご　1パック（10こ）	イ
牛乳（ぎゅうにゅう）　1つ	ウ
ベーコン　3つ	エ
にんじん　2～3つ	オ

1　ア ウ

2　ア エ

3　イ ウ

4　イ オ

2ばん

1　企画書(きかくしょ)をメールでおくる

2　会議室(かいぎしつ)の予約(よやく)をする

3　部長(ぶちょう)と面談(めんだん)する

4　田中(たなか)さんにれんらくする

3ばん

1　のみものを注文(ちゅうもん)する

2　サイドメニューを注文(ちゅうもん)する

3　デザートをえらぶ

4　メインメニューをえらぶ

4ばん

1　がくせいしょうを提出(ていしゅつ)する

2　お金(かね)をふりこむ

3　もうしこみ書(しょ)を書(か)く

4　よやくできる時間(じかん)を聞(き)く

5ばん

1　エアコンを切(き)る

2　テレビのでんげんを切(き)る

3　台所(だいどころ)のまどを閉(し)める

4　リビングのまどを閉(し)める

6ばん

1 特急電車(とっきゅうでんしゃ)の予約(よやく)をする

2 管理部(かんりぶ)の松本(まつもと)さんにかくにんする

3 飛行機(ひこうき)のチケットを買(か)う

4 出張(しゅっちょう)の時間(じかん)をしらべる

もんだい
問題２

問題２では、まず質問を聞いてください。そのあと、問題用紙を見てください。読む時間があります。それから話を問いて、問題用紙の１から４の中から、最もよいものを一つえらんでください。

れい

1　さいきん　いそがしいから

2　いっしょに　行く人が　いないから

3　うんどうが　にがてだから

4　ねだんが　高いから

1ばん

1　高木物産とのかいぎがおわったから

2　打ち合わせのしりょうをわすれてきたから

3　雨で服がぬれてしまったから

4　オフィスに帰る必要がなかったから

2ばん

1　教室が家から遠いから

2　料理が楽しくなくなったから

3　料理の実力がおちてしまったから

4　動画を見ながら料理するのが楽しいから

3ばん

1　プレゼンのときに必要だったから

2　仕事でも使いやすい服がほしかったから

3　はでな服がほしかったから

4　新しい季節に合わせたかったから

4ばん

1　友達が教えてくれるから

2　室外でできるスポーツだから

3　水泳が難しかったから

4　ダイエットにもいいから

5ばん

1　仕事がいそがしくなったから

2　社長がゆるしてくれないから

3　仕事の人と一緒に行きたくないから

4　仕事の予定ができたから

6ばん

1　来週の金曜日

2　来週の土曜日

3　再来週の金曜日

4　再来週の土曜日

問題3

問題３では、問題用紙に何もいんさつされていません。この問題は、ぜんたいとしてどんなないようかを聞く問題です。話の前に質問はありません。まず話を聞いてください。それから、質問とせんたくしを聞いて、１から４の中から、最もよいものを一つえらんでください。

－ メモ －

もんだい
問題4

問題4では、えを見ながら質問を聞いてください。やじるし（→）の人は何と言いますか。１から３の中から、最もよいものを一つえらんでください。

れい

1ばん

2ばん

3ばん

4ばん

もんだい
問題5

問題5では、問題用紙に何もいんさつされていません。まず文を聞いてください。それから、そのへんじを聞いて、１から３の中から、最もよいものを一つえらんでください。

－ メモ －

정답 182쪽 ➡

정답 및 청해 스크립트

답안용지

해석 PDF 파일은 **오른쪽 QR코드**를 스캔하거나,
맛있는북스 홈페이지(www.booksJRC.com)에서
무료로 다운로드 할 수 있습니다.

정답

언어지식(문자·어휘)

문제1	1	2	3	4	5
	3	2	1	4	4
	6	7	8		
	1	3	2		
문제2	9	10	11	12	13
	1	1	4	3	4
	14				
	2				

문제3	15	16	17	18	19
	4	2	3	2	3
	20	21	22	23	24
	1	3	4	2	4
	25				
	1				
문제4	26	27	28	29	30
	3	1	4	1	1
문제5	31	32	33	34	35
	1	4	2	3	4

언어지식(문법)·독해

문제1	1	2	3	4	5
	1	3	2	4	3
	6	7	8	9	10
	2	1	4	2	3
	11	12	13		
	2	4	2		
문제2	14	15	16	17	18
	1	3	2	4	2
문제3	19	20	21	22	23
	4	2	4	1	1

문제4	24	25	26	27
	2	4	3	3
문제5	28	29	30	
	4	3	4	
	31	32	33	
	2	1	4	
문제6	34	35	36	37
	2	3	1	2
문제7	38	39		
	2	4		

청해

문제1	1	2	3	4	5
	3	4	4	2	1
	6				
	2				
문제2	1	2	3	4	5
	2	3	3	4	1
	6				
	2				

문제3	1	2	3		
	3	1	2		
문제4	1	2	3	4	
	3	2	3	1	
문제5	1	2	3	4	5
	1	1	3	2	2
	6	7	8	9	
	1	3	3	3	

전체 듣기

청해 스크립트

問題１　問題１では、まず質問を聞いてください。それから話を聞いて、問題用紙の１から４の中から、最もよいものを一つえらんでください。では、練習しましょう。

문제별 듣기

例

会社で男の人と女の人が話しています。男の人は明日何時までに会社を出発しますか。

F：明日、田中さんもミーティングに行きますよね？時間はもともと２時からでしたっけ？

M：はい、そうです。もともと１時半からだったんですが、部長が１時過ぎに会社に戻ってくるそうで。

F：わかりました。あ、ミーティングの場所まではどれくらいかかるでしょうか。

M：道が混まなければ、早く着くと思いますが、10分くらいかかるかなあ。

F：じゃあ、会議の15分前には出発しましょうか。

M：はい、そうしましょう。

男の人は明日何時までに会社を出発しますか。

最もよいものは３番です。解答用紙の問題１の例のところを見てください。最もよいものは３番ですから、答えはこのように書きます。では、始めます。

１番

カフェで女の人と男の人が話しています。男の人はこの後、何をしますか。

F：お次のお客様、どうぞ。

M：こんにちは。ブラックコーヒー１つとカフェラテ１つお願いします。両方ともホットで。

F：サイズはいかがなさいますか。

M：両方ともスモールサイズでお願いします。

F：かしこまりました。ご注文は以上でよろしいでしょうか。

M：シロップを２つください。

F：シロップなら、サービスカウンターでご自由にお取りください。

M：あ、はい。分かりました。

男の人はこの後、何をしますか。

２番

男の人と女の人が映画館で話しています。男の人はこの後、何をしますか。

M：映画『さくら』、７時半はもう売り切れてる。

F：ああー、もう少し早めに予約しておけばよかった。

M：仕方ないね。じゃ、8時半の映画にしようか。

F：1時間も空いたから、ゲームセンターでも行く？

M：それもいいけど、まずはチケットをとって、ポップコーンも先に買っておいた方がいいかも。

F：確かに。じゃ、私がチケットとってくるね。

M：分かった。僕はポップコーン買ってくる。

男の人はこの後、何をしますか。

3番

ホテルでスタッフと男の人が話しています。この後、男の人はまず何をしますか。

F：いらっしゃいませ、こんばんは。ご予約のお名前をお願いいたします。

M：加藤と申します。

F：ご確認ありがとうございます。チェックインは3時からになります。

M：荷物だけ先に預けてもいいですか。外を散歩したいんで。

F：もちろんです。お荷物はこちらお一つでよろしいでしょうか。

M：はい。一つだけです。

F：それでは、こちらの名札にお名前をお書きください。

M：はい。分かりました。

この後、男の人はまず何をしますか。

4番

女の人と男の人が大学のサークル活動について話しています。この後、女の人はどのサークルに入会しますか。

M：サークルはもう決めた？

F：ううん、それがね、まだなの。いろいろ興味があってね。

M：そうだよね。音楽はどう？

F：中学の時楽器はやってみたけど、私とはあまり合わなかった。

M：じゃ、読書とか書道は？

F：でも、ずっと静かに黙って座ってるのもね…。せっかくだから体を動かせるのがいいかな。

M：サッカーとか野球はどう？

F：私は球技はちょっとね。それより、これかな。仲間と一緒にランニングっていいと思わない？

この後、女の人はどのサークルに入会しますか。

5番

男の人と女の人が話しています。男の人はこれからどんなサービスを受けますか。

F：お客様、今日はいかがいたしますか。

M：髪の毛を少し切りたいです。

F：切る前にシャンプーもしますか。

M：はい。お願いします。それから、前髪も一緒に切ってください。

F：パーマもかけますか。

M：いいえ、それは大丈夫です。

男の人はこれからどんなサービスを受けますか。

6番

男の人と女の人が文化祭について話しています。２人は文化祭で何をやることにしましたか。

F：ねえ、今年の文化祭、何やろうか。

M：あ、お化け屋敷とかどう？夏だし、みんな怖いの好きじゃない？

F：でも、お化けになってくれる人、うちのクラスには少なそうだよ…。

M：じゃ、歌とかダンスはどう？みんなで一緒に歌って踊るのもいいんじゃない？

F：うちのクラスの子たち、みんな結構シャイだから、人前に立つのあまり好きじゃないかも。

M：そうか。じゃ、カフェはどう？ほら、最近こういうかわいいデコレーションをしたカフェラテとか流行ってるじゃん。

F：あ、そうだね。これならみんなも参加してくれそう！夏だから浴衣着てやるといいかも！

２人は文化祭で何をやることにしましたか。

問題２

문제별 듣기

問題２では、まず質問を聞いてください。そのあと、問題用紙を見てください。読む時間があります。それから話を聞いて、問題用紙の１から４の中から、最もよいものを一つえらんでください。では、練習しましょう。

例

男の人と女の人が話しています。女の人はどうしてジムに行かないのですか。

F：あら、今日もジムに行ってきたの？

M：うん、忙しくても、できるだけ毎日通おうと思うんだ。

F：へえ、すごいなあ。私は絶対できないよ。

M：そう？僕が行ってるところ、安いし、いいよ。よかったら一緒にどう？

F：本当？うれしい。でもね、それよりも他の理由があるんだ。

M：どんな理由？

F：実は昔から運動神経があまりよくなくてさ。

M：なんだ。それなら僕が教えてあげるよ？

F：ううん、いいの。ありがとう。

女の人はどうしてジムに行かないのですか。

最もよいものは３番です。解答用紙の問題２の例のところを見てください。最もよいものは３番ですから、答えはこのように書きます。では、始めます。

１番

男の人と女の人が話しています。男の人はどうして落ち込んでいますか。

F：あれ、林さん、なぜそんなに落ち込んでるの？

M：韓国語試験、落ちてしまいました。

F：それは、残念だったわね。でも、試験に落ちたからと言ってそんなに落ち込むことないよ。

M：自分の努力が足りなかったことが情けなくて…。

F：また、次の試験がんばろう！私にできることがあったら何でも言ってね。

M：ありがとうございます。

男の人はどうして落ち込んでいますか。

２番

女の人と男の人が話しています。女の人はなぜ電車に乗りますか。

M：明日から、アメリカ出張だね。空港までは何で行くの？

F：電車に乗るつもりです。

M：荷物も多いのに電車で？電車の方が安いから？

F：荷物はそんなに多くありません。それより電車の方がいろいろと便利なんですよね。

M：車やタクシーより？

F：はい。特急なので値段はあまり安くありませんが、家からだとタクシーや車より40分も早いです。

M：なるほどね。確かに、電車は渋滞にはまることもないからね。

女の人はなぜ電車に乗りますか。

３番

男の人と女の人が話しています。女の人はなぜ浮かれていますか。

M：なんか、今日うきうきしてるね。なんでそんなに浮かれているの？

F：明日、彼氏と遊園地に行くんだ。もう、わくわくしちゃって。

M：遊園地行くからってそんなに浮かれるなんて子どもみたい。

F：だって、彼氏と３か月ぶりに会うんだもん。おととい海外出張から帰ってきたの。

M：なるほどね。３か月も会えなかったんだ。

F：そうなの。さてと、どんな服で行こうかな～

女の人はなぜ浮かれていますか。

4番

女の人と男の人が話しています。男の人はなぜ悲しい映画を見ますか。

F：田中さん、目が赤いです。泣いたんですか。
M：はい。悲しい映画を見てきたからです。
F：悲しい映画を見ると胸が痛くなりませんか。
M：はい。切ない気持ちになって、涙が出ます。
F：それなのに、悲しい映画を見るんですか。
M：涙を流して、気持ちをすっきりさせたいからです。
F：そうなんですか。

男の人はなぜ悲しい映画を見ますか。

5番

男の人と女の人が話しています。女の人はなぜ怒っていますか。

F：ちょっと！このお皿、早く片付けてよ。
M：分かったよ。そんなに怒らなくてもいいじゃん。
F：同じことを何度言えばいいの？
M：お皿片付けなかったくらいで、こんなに怒られるとはね。
F：片付けなかったから怒ってるわけじゃないの。同じことを毎回言わせるから怒ってるだけ。
M：はいはい。ごめんなさい。これからは気をつけます。

女の人はなぜ怒っていますか。

6番

女の人と男の人が話しています。男の人は女の人のどんなところをほめていますか。

M：佐藤さん、コンクールで賞をとったって聞いたよ。
F：とんでもないです。受賞はたまたま運がよかっただけです。
M：だから、何カ月も毎日練習してたんだね。
F：はい。受賞はたまたま運がよかっただけですが…。
M：何より、仕事もあるのに一日も休まないで練習するのは、本当にすごいと思うよ。
F：ありがとうございます。でも、まだまだです。
M：僕も、見習わないとな。

男の人は女の人のどんなところをほめていますか。

問題3

문제별 듣기

問題３では、問題用紙に何もいんさつされていません。この問題は、ぜんたいとしてどんなないようかを聞く問題です。話の前に質問はありません。まず話を聞いてください。それから、質問とせんたくしを聞いて、１から４の中から、最もよいものを一つえらんでください。では、練習しましょう。

例

ラジオである会社の社長が話しています。

M：みなさん、経営で大事なことは何だと思いますか。社員の育成、効率がいい業務プロセスの開発、それとも投資をたくさんしてもらうことでしょうか。私は何よりも人を大切にすることだと思います。育成も大事なことですが、それよりも今一緒に働いている人を大切にする。それは、社内にいる人ももちろんですが、取引先やお客さんも同じです。目の前にいる人を大切にすることで、信頼関係が生まれ、それが仕事にもいい形で返ってくる。これが理想的な経営だと思います。

この社長が伝えたいことは何ですか。

1．投資をたくさん受ける方法
2．仕事ができる社員の育て方
3．経営において大切なこと
4．効率がいい経営の方法

最もよいものは３番です。解答用紙の問題３の例のところを見てください。最もよいものは３番ですから、答えはこのように書きます。では、始めます。

1番

男の人が講演会で話しています。

M：みなさん、今日は動物についてお話します。動物は人間より相手の気持ちが分かると言います。犬や猫を飼っている方なら知っていると思いますが、家で映画やドラマなどを見て泣くと、動物が近くに来て、泣き止むまで離れないことを経験したことがあるはずです。特に集団生活をする動物は共感能力が高いということが、研究で明らかになりました。

男の人は何について話していますか。

1．動物と人間の共通点
2．動物と人間の感情
3．動物の共感能力
4．動物の集団生活

2番

アナウンサーと女の人が話しています。

M：今日は環境問題の専門家、鈴木さんにお話をお伺いします。こんばんは。

F：こんばんは。突然ですが、みなさんはＳＮＳを使っていますか。私も動画を見たり、友達と連絡をとったりするときにＳＮＳを使っています。実は、環境問題とＳＮＳは深い関係があります。ＳＮＳの利用はパソコンやスマートフォン、サーバーなどを使いますから、たくさんの電気を使います。そうすると、その電気を作るために発電が必要となるので、環境に悪影響を与えるというわけですね。

女の人は何について話していますか。

1．ＳＮＳと環境問題の関連性
2．環境問題の深刻さ
3．電気と発電
4．電気の作り方

3番

女の人が授業で話しています。

F：はい、みなさん。今学期の授業を始める前に、伝えることがあります。まず、授業の時間には遅れないようにしてください。他の学生の迷惑になるからです。課題も決まった日に出してください。課題には文字数や文字の大きさなどの決まりがありますので、ちゃんと確認してから提出してください。それから、欠席は２回までです。もし、何かあったら私に連絡してください。

女の人は何について話していますか。

1．授業の面白い点
2．授業を受ける時の注意点
3．授業を受ける対象
4．授業を受けなくてもいい人

問題４

문제별 듣기

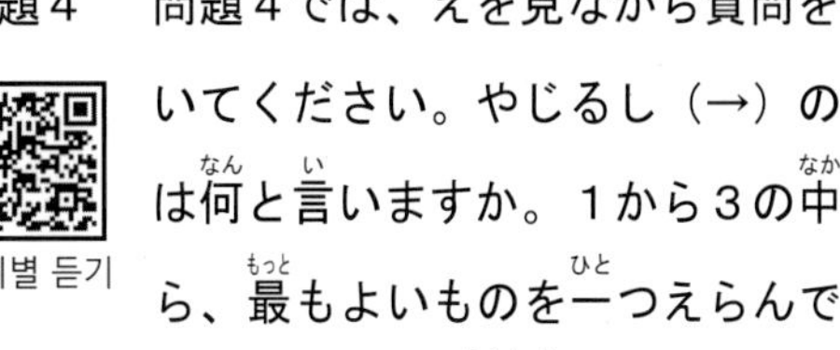

問題４では、えを見ながら質問を聞いてください。やじるし（→）の人は何と言いますか。１から３の中から、最もよいものを一つえらんでください。では、練習しましょう。

例

パソコンの使い方を教えています。学生に何と言いますか。

M：1．これを知ってもいいですか。
2．これを教えてください。
3．これを押してみましょう。

最もよいものは３番です。解答用紙の問題４の例のところを見てください。最もよいものは３番ですから、答えはこのように書きます。では、始めます。

1番

警察官に財布をなくしたことを伝えたいです。何と言いますか。

F：1．財布を消してしまいました。
2．財布を盗んでしまいました。

3．財布を落としてしまいました。

2番

友達の家にあるカメラを借りたいです。何と言いますか。

M：1．このカメラ、借りてくれない？
　2．このカメラ、貸してくれない？
　3．このカメラ、返してくれない？

3番

郵便局で荷物をいつ届けてくれるか聞きたいです。何と言いますか。

M：1．いつ届けてあげますか。
　2．いつ届いたんですか。
　3．いつ届きますか。

4番

観光案内所で係の人に、駅までの行き方を聞きたいです。何と言いますか。

F：1．駅までの道を教えてくださいませんか。
　2．駅までの道を教えて差し上げませんか。
　3．駅までの道を教えてくれたんですか。

問題5

문제별 듣기

問題5では、問題用紙に何もいんさつされていません。まず文を聞いてください。それから、そのへんじを聞いて、1から3の中から、最もよいものを一つえらんでください。では、練習しましょう。

例

F：すみません、今、少しよろしいでしょうか。

M：1．それがまだだめなんですよ。
　2．あ、それはあとでですよ。
　3．ええ、どうしたんですか。

最もよいものは3番です。解答用紙の問題5の例のところを見てください。最もよいものは3番ですから、答えはこのように書きます。では、始めます。

1番

F：午後から雨が降るそうです。

M：1．傘、持ってきてないのに。
　2．傘立てはどこですか。
　3．傘、赤色なの？

2番

M：田中さん、来週からアメリカに行くみたい。

F：1．いきなり？どうして？
　2．なぜイギリスに行くの？
　3．私の妹が留学してるんです。

3番

M：鈴木さん、今日仕事終わりに飲みに行きませんか。

F：1．ごめん、私、お酒が大好きなの。
2．ごめん、明日は飲みに行けないの。
3．ごめん、今日は用事があるの。

4番

M：あれ、新聞知らない？

F：1．いいえ、新聞はどこですか。
2．いつものところにあるはずよ。
3．新聞ですよ、新聞。

5番

F：昼ごはん、どうしますか。

M：1．夜はいつもおにぎりを食べます。
2．私は要らない。
3．朝ごはんは食べた方がいいですよ。

6番

M：木村さんはどんなスポーツが好きですか。

F：1．体をゆっくり動かせるようなスポーツですかね。
2．健康のために運動しなければならないんですけどね。
3．やっぱり外でテニスがしたいです。

7番

F：このプロジェクトもそろそろ終わりますね。

M：1．それじゃ、お先に失礼します。
2．そうですね。まだ終わらないですね。
3．そうだね。あと3日くらいで終わるからね。

8番

M：すみません、お手洗いはどこですか。

F：1．このビルにあるんですか。
2．このビルにはいません。
3．このビルの中です。

9番

F：渡辺さん、顔色が悪いですね。どうかしたんですか。

M：1．お腹が出ててね。
2．顔が広いからね。
3．お腹が痛くてね。

정답

언어지식(문자·어휘)

문제1	1	2	3	4	5
	2	1	3	2	4
	6	7	8		
	1	3	2		
문제2	9	10	11	12	13
	4	1	2	4	3
	14				
	1				

문제3	15	16	17	18	19
	1	3	4	2	1
	20	21	22	23	24
	1	3	4	1	3
	25				
	3				
문제4	26	27	28	29	30
	4	2	3	1	2
문제5	31	32	33	34	35
	2	1	1	3	4

언어지식(문법)·독해

문제1	1	2	3	4	5
	2	3	1	4	3
	6	7	8	9	10
	1	4	2	3	1
	11	12	13		
	1	3	2		
문제2	14	15	16	17	18
	1	1	4	3	2
문제3	19	20	21	22	23
	3	2	4	3	1

문제4	24	25	26	27
	2	1	1	3
문제5	28	29	30	
	2	4	1	
	31	32	33	
	1	4	1	
문제6	34	35	36	37
	3	2	4	1
문제7	38	39		
	1	4		

청해

문제1	1	2	3	4	5
	4	2	1	4	4
	6				
	3				
문제2	1	2	3	4	5
	4	4	2	2	4
	6				
	1				

문제3	1	2	3		
	2	4	4		
문제4	1	2	3	4	
	1	1	2	1	
문제5	1	2	3	4	5
	1	3	2	3	1
	6	7	8	9	
	2	1	2	3	

전체 듣기

청해 스크립트

問題１

문제별 듣기

問題１では、まず質問を聞いてください。それから話を聞いて、問題用紙の１から４の中から、最もよいものを一つえらんでください。では、練習しましょう。

例

会社で男の人と女の人が話しています。男の人は明日何時までに会社を出発しますか。

F：明日、田中さんもミーティングに行きますよね？時間はもともと２時からでしたっけ？

M：はい、そうです。もともと１時半からだったんですが、部長が１時過ぎに会社に戻ってくるそうで。

F：わかりました。あ、ミーティングの場所まではどれくらいかかるでしょうか。

M：道が混まなければ、早く着くと思いますが、10分くらいかかるかなあ。

F：じゃあ、会議の15分前には出発しましょうか。

M：はい、そうしましょう。

男の人は明日何時までに会社を出発しますか。

最もよいものは３番です。解答用紙の問題１の例のところを見てください。最もよいものは３番ですから、答えはこのように書きます。では、始めます。

１番

男の人と女の人が話しています。この後、男の人は何をしますか。

F：鈴木君、この書類、コピーしてくれない？

M：はい、わかりました。でも、部長に会議室の予約を頼まれたんですが…。

F：じゃ、これは私がやるから大丈夫。

M：すみません…。あ、このパソコン、電源が入りません。どうしたらいいでしょうか。

F：まずは管理部の山田さんに連絡して、パソコン直してもらった方がいいと思うよ。

M：はい、先輩！ありがとうございます。

この後、男の人は何をしますか。

２番

女の人と男の人が話しています。二人は週末どこに行きますか。

M：お母さん、今週の週末どこか出かけようよ。

F：週末？うーん…。週末はどこも道が混んでいるからね…。

M：テーマパークとか遊園地みたいに遠くに行く必要はないから！

F：じゃあ、隣町の植物園とか？

M：先週、駅前に新しくできたデパートはどう？買い物もできるし良くない？

F：そこなら、歩いて行けるからちょうどいいわね。

二人は週末どこに行きますか。

3番

男の人と女の人が話しています。男の人はこの後、どうしますか。

F：次の方、どうぞ。今日はどうかされましたか。

M：あの、きのうの夜から咳が止まらないんです。のども痛いです。

F：口を開けてください。うーん、かぜですね。処方せんを出しますので、一日三回、薬を飲んでください。

M：お風呂に入ったり、運動したりしてもいいですか。

F：いいえ、ゆっくり休んでください。

M：はい。分かりました。

男の人はこの後、どうしますか。

4番

女の人と男の人が話しています。女の人はこの後、どうしますか。

F：あの、料理の本を探しています。どこに行けばいいんですか。

M：ここは雑誌の売り場なので、２つ下の階に行ってください。

F：ここは何階ですか。

M：６階です。料理の雑誌ならここにもあります。

F：雑誌ではなく、レシピの本を探しています。

M：やっぱり、それなら４階に行ってください。

女の人はこの後、どうしますか。

5番

男の人と女の人が話しています。男の人がこの後買うものは何ですか。順番が合っているものを選んでください。

F：スーパーに行ってたまごと牛乳、買ってきてくれない？

M：うん。分かった。

F：それから、パン屋で食パンも買ってきて。

M：たまごと牛乳と食パンね。

F：あ、冷蔵庫に牛乳はあった。たまごは割れやすいからパンを先に買ってね。

M：分かった。じゃ、行ってくるね。

男の人がこの後買うものは何ですか。順番が合っているものを選んでください。

6番

女の人と男の人が話しています。女の人はこの後、どうしますか。

F：あの、シティータワーに行きたいのですが、道が分かりません。

M：地下鉄とバス、どちらをご利用になりますか。

F：どちらが早いですか。

M：そんなに変わりません。地下鉄なら中央駅で１号線に乗ってください。バスなら郵便局の前で75番バスに乗ってください。

F：時間が変わらないなら、道が混む可能性のない方を選んだ方がいいかもしれませんね。ありがとうございました！

女の人はこの後、どうしますか。

問題２

문제별 듣기

問題２では、まず質問を聞いてください。そのあと、問題用紙を見てください。読む時間があります。それから話を聞いて、問題用紙の１から４の中から、最もよいものを一つえらんでください。では、練習しましょう。

例

男の人と女の人が話しています。女の人はどうしてジムに行かないのですか。

F：あら、今日もジムに行ってきたの？

M：うん、忙しくても、できるだけ毎日通おうと思うんだ。

F：へえ、すごいなあ。私は絶対できないよ。

M：そう？僕が行ってるところ、安いし、いいよ。よかったら一緒にどう？

F：本当？うれしい。でもね、それよりも他の理由があるんだ。

M：どんな理由？

F：実は昔から運動神経があまりよくなくてさ。

M：なんだ。それなら僕が教えてあげるよ？

F：ううん、いいの。ありがとう。

女の人はどうしてジムに行かないのですか。

最もよいものは３番です。解答用紙の問題２の例のところを見てください。最もよいものは３番ですから、答えはこのように書きます。では、始めます。

１番

男の人と女の人が話しています。男の人はなぜ、このパソコンを買いましたか。

F：あ、パソコン変えたの？かわいいね！

M：でしょう？デザインの賞もとったらしいよ。

F：しかも、これ、軽いね。私でも片手で持てるくらい軽い。

M：かわいくて軽いから今大人気で、２か月も待たされたの。

F：人気だから買ったわけだ。

M：でも、何より値段が安かったの。前使ってたパソコンの半額だったよ。

F：ええ？そんなに安いの？私も買おうかしら。

男の人はなぜ、このパソコンを買いましたか。

2番

女の人と男の人が話しています。女の人は、なぜ次の授業を楽しみにしていますか。

M：中国語の次の授業って、木曜日？

F：うん。木曜の２限目。早く木曜日にならないかな。

M：中国語、そんなに好きだったっけ。先生のことが好きなの？

F：次の授業で中国の映画を見ることになってるんだ！

M：なんだ～ 映画が見たいだけじゃない。

F：そうじゃなくて、本場の中国語が聞けるから楽しみにしてるの。

女の人は、なぜ次の授業を楽しみにしていますか。

3番

男の人と女の人が話しています。男の人はなぜ一人暮らしを始めましたか。

F：最近、一人暮らし始めたって聞いたよ。どう？

M：大変なこともあるけど、楽しいよ。

F：でも、なんで一人暮らしを始めたの？学校が遠いから？

M：まあ、電車で１時間もかかってたからね。

F：それだと、交通費もかなりかかるよね。

M：うん。でも、それより、もう二十歳過ぎたし、そろそろ自立したくて。

F：確かにそうだよね。それから、一人の空間ができるのもいいしね。

男の人はなぜ一人暮らしを始めましたか。

4番

女の人と男の人が話しています。女の人はなぜワンピースを返品しますか。

M：せっかく買ったのに、返品するの？サイズ合わなかったの？

F：ううん、サイズも色も悪くはなかったけど…。

M：じゃ、他のお店にもっと安いワンピースがあったとか？

F：ううん、値段も安かったの。

M：え？じゃあ、なんで返品なんかするんだよ。

F：実はね、この間、美紀ちゃんがこれと全く同じワンピース着てるのを見ちゃって…。

M：そうか。同じ服だと確かに気になるよね。しょうがないな～

女の人はなぜワンピースを返品しますか。

5番

男の人と女の人が話しています。男の人はなぜ引っ越そうとしていますか。

F：引っ越したばかりなのに、また引っ越すの？
M：うん。ちょっと理由があってね…。
F：やっぱり、管理費とか光熱費が高かったの？
M：ううん、意外と管理費は安かったから問題なかったの。
F：じゃ、通勤に時間がかかりすぎるとか？
M：むしろ前より会社とは近くなったけどね。実は、近所の人が夜になると大声で歌を歌うの。もう耐えられなくて…。
F：そうか…。それはストレスたまるよね。

男の人はなぜ引っ越そうとしていますか。

6番

女の人と男の人が話しています。女の人は何が一番大変だと言っていますか。

M：どうしたの？元気ないね。
F：英語、どうしたら上手になれるの？
M：まずは、たくさん聞いて発音をまねした方がいいんじゃない？
F：発音はある程度まねできるんだけど、単語がね…。
M：単語ね。単語は本当に難しいよね。たくさん覚えなきゃいけないし。
F：英語の勉強って、思ったより早く上手にならないのが一番つらい。
M：そうだよね…。でも、あまり無理しないで！そんなに悩まなくても、そのうち上手になれると思うよ！

女の人は何が一番大変だと言っていますか。

問題３

문제별 듣기

問題３では、問題用紙に何もいんさつされていません。この問題は、ぜんたいとしてどんなないようかを聞く問題です。話の前に質問はありません。まず話を聞いてください。それから、質問とせんたくしを聞いて、１から４の中から、最もよいものを一つえらんでください。では、練習しましょう。

例

ラジオである会社の社長が話しています。

M：みなさん、経営で大事なことは何だと思いますか。社員の育成、効率がいい業務プロセスの開発、それとも投資をたくさんしてもらうことでしょうか。私は何よりも人を大切にすることだと思います。育成も大事なことですが、それよりも今一緒に働いている人を大切にする。それは、社内にいる人ももちろんですが、取引先やお客さんも同じです。目の前にいる人を大切にすることで、信頼関係が生まれ、それが仕事にもいい形で返ってくる。これが理想的な経営だと思います。

この社長が伝えたいことは何ですか。

1．投資をたくさん受ける方法
2．仕事ができる社員の育て方
3．経営において大切なこと
4．効率がいい経営の方法

最もよいものは３番です。解答用紙の問題３の例のところを見てください。最もよいものは３番ですから、答えはこのように書きます。では、始めます。

１番

男の人が話しています。

M：皆さんは、普段本を読みますか。最近は読書をする人が減ってきていますが、読書はとてもいい習慣です。なぜなら、他人の考えを理解することで自分も成長できるからです。人は自分一人では成長できません。他人の意見や考えを自分の考えと比べて、もっといい方を選びながら成長していきます。本はその比較の対象になってくれるというわけです。今日から、少しずつでいいので、皆さんも読書をしてみませんか。

何について話していますか。

1．本を読まなくなった理由
2．読書をする理由
3．おすすめの本の紹介
4．読書が好きな人の特徴

２番

女の人が話しています。

F：未来デパートにお越しいただき、誠にありがとうございます。本日お越しいただいた皆様に、お得な情報をご案内いたします。地下２階では夏フェスティバルが行われています。夏の果物であるスイカやももを半額で提供しております。それから、夏と言えば、キャンプ！バーベキュー用のお肉も大変安くなっております。皆様、ぜひご利用くださいませ！

何について話していますか。

1．デパートの営業時間
2．おいしい果物のご紹介
3．キャンプに関する情報
4．夏のフェスティバルの案内

3番

男の人と女の人が話しています。

F：本日は、最近ＳＮＳで話題のカフェに来ています。こちらのカフェ、なんと古い学校を改造して作ったカフェだそうです。店長の佐藤さんにお話をお伺いしたいと思います。

M：こんにちは。このカフェは古い学校を改造したことで話題になりました。ＳＮＳを見て来てくださるお客様もいらっしゃいます。しかし、このカフェが有名になった最も大きい理由は、何と言ってもこの地域でとれたおいしい野菜やお茶を使ったメニューがあることです。地域の方々がこの地域のものに愛情を持ってくださっているから、ここまで来られたと思います。本当にありがたいことです。

このカフェが有名になった一番大きい理由は何ですか。

1．ＳＮＳに投稿されたから
2．古い学校を改造したから
3．コーヒーがおいしいから
4．地域のものを使ったメニューがあるから

問題４ 問題４では、えを見ながら質問を聞いてください。やじるし（→）の人は何と言いますか。１から３の中から、最もよいものを一つえらんでください。では、練習しましょう。

문제별 듣기

例

パソコンの使い方を教えています。学生に何と言いますか。

M：1．これを知ってもいいですか。
　　2．これを教えてください。
　　3．これを押してみましょう。

最もよいものは３番です。解答用紙の問題４の例のところを見てください。最もよいものは３番ですから、答えはこのように書きます。では、始めます。

1番

レストランのテーブルが汚いです。何と言いますか。

M：1．すみません、テーブルを拭いていただけませんか。
　　2．すみません、テーブルを拭いて差し上げませんか。
　　3．すみません、テーブルを拭いてもいいですか。

2番

家の中にあるゴミを外に持って行ってほしいです。何と言いますか。

F：1．このゴミ、出してくれない？

2．このゴミ、出してあげない？

3．このゴミ、出してもいい？

3番

友達に遊ぼうと誘われましたが、今日は宿題があります。何と言いますか。

M：1．今日は宿題をしちゃいけないの。

2．今日は宿題をしなきゃいけないの。

3．今日は宿題をしなくてもいいの。

4番

先輩と映画を見に行きたいです。何と言いますか。

F：1．先輩！一緒に映画、どうですか。

2．先輩！映画のチケットはありますか。

3．先輩！映画館に行くんですか。

問題5 **問題5では、問題用紙に何もいんさつされていません。まず文を聞いてください。それから、そのへんじを聞いて、1から3の中から、最もよいものを一つえらんでください。では、練習しましょう。**

문제별 듣기

例

F：すみません、今、少しよろしいでしょうか。

M：1．それがまだだめなんですよ。

2．あ、それはあとでですよ。

3．ええ、どうしたんですか。

最もよいものは3番です。解答用紙の問題5の例のところを見てください。最もよいものは3番ですから、答えはこのように書きます。では、始めます。

1番

F：すみませんが、田中部長はいらっしゃいますか。

M：1．今は席を外しております。

2．外出しているんですか。

3．部長は島田です。

2番

M：安田君、まだ来てないの？

F：1．いつ来てくれますか。

2．いつも、ここ来るよね。

3．うん、いつものことだよ。

3番

F：仕事はこの辺にして、今日は帰ろうか。

M：1．じゃ、明日帰ります。

2．そうだね。もう疲れた。

3．私はもう帰ったよ。

4番

M：先生にこの書類、渡していただけませんか。

F：1．これを渡されるんですね。
2．先生はいらっしゃいませんか。
3．かしこまりました。

5番

F：すみませんが、ここは私の席です。

M：1．あ、すみません。勘違いしちゃって…。
2．それでは、出席をとります。
3．私の席はありません。

6番

M：このジャケット、どう？

F：1．え、買わないんですか。
2．サイズも色も木村君にぴったり！
3．ジャケットを買ってください。

7番

F：いよいよ、来週が期末テストですね。

M：1．どうしよう。緊張してきた！
2．勉強はしなくてもいいんだね。
3．緊張しなくてもいいんですか。

8番

M：最近、雨ばかりだね。

F：1．雨がやみました。
2．なんだか気持ちも暗くなるよね。
3．今日から雨だそうです。

9番

F：夏休みは何をしましたか。

M：1．大阪のおばあちゃんのところに行きます。
2．海に行ったことはありますか。
3．ずっと家にいました。

정답

언어지식(문자·어휘)

문제1	1	2	3	4	5
	4	2	1	3	2
	6	7	8		
	1	4	2		
문제2	9	10	11	12	13
	2	1	2	3	4
	14				
	1				

문제3	15	16	17	18	19
	3	1	2	1	2
	20	21	22	23	24
	1	3	4	4	2
	25				
	3				
문제4	26	27	28	29	30
	3	2	1	3	2
문제5	31	32	33	34	35
	2	1	3	2	4

언어지식(문법)·독해

문제1	1	2	3	4	5
	2	1	2	4	3
	6	7	8	9	10
	2	2	4	1	1
	11	12	13		
	1	4	2		
문제2	14	15	16	17	18
	2	2	1	4	2
문제3	19	20	21	22	23
	3	3	1	2	3

문제4	24	25	26	27
	3	2	3	1
문제5	28	29	30	
	1	4	4	
	31	32	33	
	3	2	2	
문제6	34	35	36	37
	1	4	2	1
문제7	38	39		
	3	3		

청해

문제1	1	2	3	4	5
	4	4	1	3	1
	6				
	2				
문제2	1	2	3	4	5
	3	1	2	2	4
	6				
	1				

문제3	1	2	3		
	2	1	4		
문제4	1	2	3	4	
	1	1	3	2	
문제5	1	2	3	4	5
	1	1	2	3	1
	6	7	8	9	
	1	3	1	2	

전체 듣기

청해 스크립트

問題１

問題１では、まず質問を聞いてください。それから話を聞いて、問題用紙の１から４の中から、最もよいものを一つえらんでください。では、練習しましょう。

문제별 듣기

例

会社で男の人と女の人が話しています。男の人は明日何時までに会社を出発しますか。

F：明日、田中さんもミーティングに行きますよね？時間はもともと２時からでしたっけ？

M：はい、そうです。もともと１時半からだったんですが、部長が１時過ぎに会社に戻ってくるそうで。

F：わかりました。あ、ミーティングの場所まではどれくらいかかるでしょうか。

M：道が混まなければ、早く着くと思いますが、10分くらいかかるかなあ。

F：じゃあ、会議の15分前には出発しましょうか。

M：はい、そうしましょう。

男の人は明日何時までに会社を出発しますか。

最もよいものは３番です。解答用紙の問題１の例のところを見てください。最もよいものは３番ですから、答えはこのように書きます。では、始めます。

１番

家で女の人と男の人が話しています。男の人はこの後、何を買いますか。

F：さっき冷蔵庫見たんだけど、今ある材料を使ってカルボナーラ作ろうと思って。

M：いいね。僕の大好物。

F：でも、パスタめんがないの。

M：ええ、こないだ買ったはずだよ。棚の中、見てみた？

F：あ、そこに入れたの？ないと思ってた。

M：なら、それは大丈夫だね。足りない材料はない？僕が買ってくるよ。ベーコンは？

F：それは大丈夫。たまごが少ないかな。あと、牛乳と野菜もあるとうれしいかも。

M：ええ、野菜、食べなきゃだめ？あと、牛乳よりクリーム使うのはどう？こないだテレビでおいしいって言ってたんだ。

F：それ、よさそうだね。それなら家にもあるし。でも、野菜も食べなきゃだめ。にんじんだけ何個か買ってきてね。

男の人はこの後、何を買いますか。

２番

会社で男の人と女の人が話しています。男の人はこの後、何をしますか。

M：こちら、次の会議の企画書です。一度、時間があるときに見ていただけませんか。

F：わかった。確認しとく。会議室の予約はしてある？

M：はい、金曜日の午後３時から大会議室を予約してあります。

F：ありがとう。あと、悪いんだけど、開発部の田中さんにも会議の件、連絡しておいてくれないかな。私が直接連絡してもいいんだけど、この後部長と面談しなきゃいけないの。

M：かしこまりました。メールでもいいですか。

F：それでもいいんだけど、今回は電話でお願い。

M：分かりました。そうします。

男の人はこの後、何をしますか。

３番

レストランで店員と女の人が話しています。この後、女の人はまず何をしますか。

M：ご注文はお決まりですか。

F：あの、このセットメニューを頼みたいんですけど、飲み物は別に注文しなきゃいけないんですよね？

M：はい、お飲み物のメニューはこちらでございます。

F：うーん、どれにしようかな。

M：後から追加することも可能でございます。セットメニューに付くデザートをこちらの３種類からお選びいただけますでしょうか。

F：デザートはアイスクリームで。あと、セットのメインメニューは替えられますか。

M：申し訳ございません。こちらは替えることができないのですが、サイドメニューにも同じメニューがあるので、追加していただくことはできます。

F：わかりました。なら、そのままでお願いします。ドリンクはもうちょっと悩んでから注文します。

M：かしこまりました。お決まりになりましたら、またお声かけください。

この後、女の人はまず何をしますか。

４番

男の人と女の人が体育館の利用申し込みについて話しています。この後、女の人はどの手続きをしますか。

F：ねえ、来週の体育館の利用申し込みの件なんだけどね。先に代金を振り込む必要があるんだって。

M：そうなの？じゃあ、他のメンバーからもお金を集めないとね。

F：うん、あとでみんなに連絡してもらえない？

M：わかった。他にどんな手続きが必要なの？

F：えっと、学生証は前に出したことがあるから要らなくて、使える時間を確認しなきゃいけないな。あとは、申込書を書けばいいって。

M：そうか。使える時間はどうやったら確認できるの？

F：専用のサイトがあるって。あとで送るね。

M：ありがとう。それで確認したらみんなにも聞いてみるよ。じゃあ、あとはこれだけだね。君にお願いしていい？

F：わかった。任せて。

この後、女の人はどの手続きをしますか。

5番

母親と息子が電話で話しています。息子はこの後、何をしますか。

F：もしもし。今、家にいるでしょう？窓開けっぱなしにしちゃったから閉めてくれない？

M：あ、それなら大丈夫。今エアコンつけてあるから全部閉めといたよ。

F：台所の窓も？

M：うん。でも、それよりテレビ誰も見てないのに、つけっぱなしだったから、俺が消しといたよ。

F：あら、ありがとう。この後、出かけるときにエアコンもちゃんと切ってから、出かけてね。

M：わかった。あ、もうこんな時間か。そろそろ出発しなきゃ。

F：気をつけていってらっしゃい。

息子はこの後、何をしますか。

6番

男の人と女の人が話しています。男の人はこの後、まず何をすることにしましたか。

F：課長、今度の出張では飛行機じゃなくて、特急電車に乗ろうと思うのですが。

M：ふうん。たまには電車で行くのもいいかもしれないね。時間は調べたの？

F：はい。9時の特急電車に乗れば、2時間くらいで着くそうです。インターネットで事前に予約できるみたいなので、課長がよければこの後予約してみようと思います。

M：そうか。僕は問題ないんだけど、管理部の松本さんにも一応確認取ってみるよ。うちの会社、飛行機のチケットは割引価格で購入できるからさ。

F：かしこまりました。

男の人はこの後、まず何をすることにしましたか。

問題２

문제별 듣기

問題２では、まず質問を聞いてください。そのあと、問題用紙を見てください。読む時間があります。それから話を聞いて、問題用紙の１から４の中から、最もよいものを一つえらんでください。では、練習しましょう。

例

男の人と女の人が話しています。女の人はどうしてジムに行かないのですか。

F：あら、今日もジムに行ってきたの？

M：うん、忙しくても、できるだけ毎日通おうと思うんだ。

F：へえ、すごいなあ。私は絶対できないよ。

M：そう？僕が行ってるところ、安いし、いいよ。よかったら一緒にどう？

F：本当？うれしい。でもね、それよりも他の理由があるんだ。

M：どんな理由？

F：実は昔から運動神経があまりよくなくてさ。

M：なんだ。それなら僕が教えてあげるよ？

F：ううん、いいの。ありがとう。

女の人はどうしてジムに行かないのですか。

最もよいものは３番です。解答用紙の問題２の例のところを見てください。最もよいものは３番ですから、答えはこのように書きます。では、始めます。

１番

留守番電話のメッセージを聞いています。女の人はどうして家に帰りましたか。

F：もしもし、課長。留守番電話で失礼します。実は、高木物産の本社まで行ったんですが、先方の都合が合わないとのことで、アポイントが急にキャンセルになりまして、別の日に改めて来てほしいと言われました。それで、オフィスに戻ろうとしたのですが、いきなり雨が降り出して濡れてしまったので、一度着替えるために家に帰ることにしました。まずは事情を報告するために電話差し上げました。あ、そういえば、明日の打ち合わせの資料はデスクの上に置いてあるので、後ほど時間があればご確認ください。それでは、後ほどオフィスに向かいますので、よろしくお願いします。

女の人はどうして家に帰りましたか。

２番

男の人と女の人が話しています。男の人はどうして料理教室をやめましたか。

F：え、料理教室やめちゃったの？どうして？

M：うん、最初は楽しかったんだけど、だんだん仕事が忙しくなって、通うのが難しくなっちゃったの。

F：そっか、仕事と両立するのは大変だよね。

M：それに、教室が家から遠いから、帰るのも遅くなって疲れちゃってね。

F：なるほどね、家の近くには教室ないの？

M：うん、私が住んでるところにはなくて。あと、あまり上達している感じもしなくて…。もっと自分のペースで練習できる方法を考えようと思って、今は家で動画を見ながら料理しているの。

F：そうだったんだ。それは残念だけど、仕方ないね。

男の人はどうして料理教室をやめましたか。

3番

男の人と女の人が話しています。女の人が新しい服を買った一番の理由は何ですか。

M：あ、新しい服買ったんだね！いい感じじゃん。

F：ありがとう！実は、この前のプレゼンのときに、ちょっと派手な色の服を着ちゃって、なんだか周りと合わなくて恥ずかしかったの。それで、もう少し落ち着いた感じの服を買おうと思って、新しいのを探してたんだ。

M：なるほど、やっぱり職場ではあんまり派手すぎると目立っちゃうよね。

F：そうなの。だから、今回の服はシンプルで仕事にも使いやすいし、次の会議にも安心して着ていけそうだと思って。

M：いいね。色も秋っぽいし、季節にも合ってていいと思う。

F：そう？よかった。ありがとう。

M：僕も似たような色の服、探してみようっと。

女の人が新しい服を買った一番の理由は何ですか。

4番

女の人と男の人が話しています。男の人はどうしてテニスを始めましたか。

M：実は最近、テニスを始めたんだ。

F：え、そうなんだ！どうしてテニスにしたの？水泳やってみるって言ってたじゃない。やっぱり難しかったの？

M：うん、それがね、友達が「一緒にやろう」って誘ってくれてさ。それに、テニスは外でもできるし、いいかなって思って。

F：なるほど、確かに外で運動できるのは気持ちいいよね。

M：うん、あと、仕事のストレスも発散できるし、今のところすごく楽しんでるよ！

男の人はどうしてテニスを始めましたか。

5番

男の人と女の人が話しています。女の人はどうしてパーティーに行けませんか。

M：週末のパーティー、来れないんだって？

F：そうなの。ごめんね、パーティーに行けなくなっちゃったの。

M：どうして？前から楽しみにしてるって言ってたじゃん。

F：そうなんだけど、急に仕事で大事な予定が入っちゃって。社長が関わっているプロジェクトだから、どうしても私も一緒に行かなくちゃいけなくて…。

M：そっか、それじゃ仕方ないね。

F：うん、本当に行きたかったんだけど、ごめんね。また今度誘ってくれる？

M：うん、また今度ね。

女の人はどうしてパーティーに行けませんか。

6番

女の人と男の人が話しています。二人はいつ旅行に行くことにしましたか。

F：そういえば、旅行に行きたいって言ってたよね。いつにする？

M：そうだな。再来週あたりはどうかな。レンタカー借りてさ。僕が運転するよ。

F：再来週のいつ？

M：うーん、やっぱ週末がいいよね。土曜日は？

F：私、毎週土曜日の夜に用事があるの。金曜日なら時間とれそうなんだけど。

M：金曜日かあ。ちょうどその週は会社の飲み会があって。来週にする？来週なら金曜日も土曜日も大丈夫だけど。

F：じゃあ、そうしよう。合わせてくれてありがとう。

二人はいつ旅行に行くことにしましたか。

問題３

문제별 듣기

問題３では、問題用紙に何もいんさつされていません。この問題は、ぜんたいとしてどんなないようかを聞く問題です。話の前に質問はありません。まず話を聞いてください。それから、質問とせんたくしを聞いて、１から４の中から、最もよいものを一つえらんでください。では、練習しましょう。

例

ラジオである会社の社長が話しています。

M：みなさん、経営で大事なことは何だと思いますか。社員の育成、効率がいい業務プロセスの開発、それとも投資をたくさんしてもらうことでしょうか。私は何よりも人を大切にすることだと思います。育成も大事なことですが、それよりも今一緒に働いている人を大切にする。それは、社内にいる人ももちろんですが、取引先やお客さんも同じです。目の前にいる人を大切にすることで、信頼関係が生まれ、それが仕事にもいい形で返ってくる。これが理想的な経営だと思います。

この社長が伝えたいことは何ですか。

1．投資をたくさん受ける方法
2．仕事ができる社員の育て方
3．経営において大切なこと
4．効率がいい経営の方法

最もよいものは３番です。解答用紙の問題３の例のところを見てください。最もよいものは３番ですから、答えはこのように書きます。では、始めます。

１番

男の人が会社の同僚に話しています。

M：先週、家族と一緒に富士山へ登りに行ったんですけど、予想以上に大変でした。頂上まで登るのに６時間もかかって、最初は楽しかったけど、途中で疲れちゃって。だけど、頂上から見る景色は本当にきれいで、疲れも忘れちゃうぐらいでした。今まで見たことのない景色で、その瞬間のために頑張って登ったんだなって思いました。

男の人が伝えたいことは何ですか。

1．登山は簡単だということ
2．景色がすばらしかったということ
3．登山があまり楽しくなかったということ
4．登山は時間がかかりすぎるということ

２番

女の人がラジオで話しています。

F：最近、手作りパン教室に通い始めたんですけど、最初は私パン作りなんて全然できなかったんですよ。だけど、先生が優しく教えてくれて、少しずつ上手に作れるようになってきたんです。今では家族にも「おいしい！」って言ってもらえるようになって、自信がついてきました。これからもっといろいろな種類のパンに挑戦してみたいと思っています。みなさんも新しい趣味としてどうですか。

女の人は何について話していますか。

1．パン教室に通い始めたこと
2．先生がパンを焼くのが上手なこと
3．家族にもパン作りを教えていること
4．いろいろなパンを焼けるということ

３番

女の人がインタビューで話しています。

F：銀メダルを取ることができて、とてもう

れしく思っています。もちろん、目標は金メダルでしたし、最後まで全力を尽くしましたが、今回はほんの少し及ばなかったという結果です。それでも、この大会に向けて長い時間準備してきたことを考えると、今日の結果には満足しています。また、応援してくれた皆さんのおかげでここまで来ることができました。支えてくれた家族やコーチ、チームのみんなに感謝の気持ちでいっぱいです。この銀メダルは私一人のものではなく、みんなの努力の結果だと思っています。引き続き応援よろしくお願いします。

女の人は何について話していますか。

1. 今回の結果が残念だということ
2. 今回の準備が大変だったということ
3. 今回たくさんの人が支えてくれたということ
4. 今回の結果に納得しているということ

問題4 **問題4では、えを見ながら質問を聞いてください。やじるし（→）の人は何と言いますか。1から3の中から、最も よいものを一つえらんでください。では、練習しましょう。**

문제별 듣기

例

パソコンの使い方を教えています。学生に何と言いますか。

M：1. これを知ってもいいですか。
　　2. これを教えてください。
　　3. これを押してみましょう。

最もよいものは３番です。解答用紙の問題４の例のところを見てください。最もよいものは３番ですから、答えはこのように書きます。では、始めます。

1番

大学時代お世話になった先生に会いに来ました。何と言いますか。

F：1. 先生、ご無沙汰しております。
　　2. 先生、お大事にしてください。
　　3. 先生、おかげさまです。

2番

食事中に携帯電話ばかり見ています。何と言いますか。

F：1. ちょっと、私の話もちゃんと聞いてくれない？
　　2. ちょっと、私の話もちゃんと聞いてあげない？
　　3. ちょっと、私の話もちゃんと聞いてもらわない？

3番

切符の買い方を案内しています。何と言いますか。

F：1．左側にある自動券売機で購入させていただきます。
　　2．左側にある自動券売機で購入いたします。
　　3．左側にある自動券売機で購入していただけます。

4番

会社で部下にコピーした部数を聞きたいです。何と言いますか。

F：1．その資料、何部印刷するつもり？
　　2．その資料、何部印刷してくれた？
　　3．その資料、何部印刷していくの？

問題5 **問題5では、問題用紙に何もいんさつされていません。まず文を聞いてください。それから、そのへんじを聞いて、1から3の中から、最もよいものを一つえらんでください。では、練習しましょう。**

문제별 듣기

例

F：すみません、今、少しよろしいでしょうか。

M：1．それがまだだめなんですよ。
　　2．あ、それはあとでですよ。
　　3．ええ、どうしたんですか。

最もよいものは3番です。解答用紙の問題5の例のところを見てください。最もよいものは3番ですから、答えはこのように書きます。では、始めます。

1番

F：おいしくて、つい食べすぎちゃいました。

M：1．私もです。おいしかったですよね。
　　2．そうなんですか。大変でしたね。
　　3．今からそんなにたくさん食べきれますか。

2番

M：コーヒー、入れましょうか？

F：1．いいんですか。ありがとうございます。
　　2．私ですか。コーヒー好きなんですよ。
　　3．はい、その棚にお願いします。

3番

F：これから着ていく服、どれがいいかな。

M：1．もう一度考え直そうよ。
　　2．これなんかどう？似合いそうだよ。
　　3．こっちからやった方がいいんじゃない？

4番

M：明日の会議は何時からか知ってますか。

F：1．明後日(あさって)、本社(ほんしゃ)の前(まえ)で会(あ)いましょう。

2．会議室(かいぎしつ)で行(おこな)う予定(よてい)です。

3．確(たし)か3時(じ)からのはずです。

5番(ばん)

F：どうしたんですか。顔色(かおいろ)がよくないようですが…。

M：1．昨夜(ゆうべ)から少(すこ)しお腹(なか)が痛(いた)くて。

2．何(なに)もしていないですよ。

3．天気(てんき)もいいし、気持(きも)ちがいいですね。

6番(ばん)

M：その書類(しょるい)の整理(せいり)は明日(あした)までに終(お)わりそうですか。

F：1．ええ、がんばってやってみます。

2．明日(あした)から始(はじ)める予定(よてい)です。

3．さっきからずっとやっているそうです。

7番(ばん)

F：すみませんが、お先(さき)に失礼(しつれい)します。

M：1．大丈夫(だいじょうぶ)ですよ。みんな気(き)にしていません。

2．いえ、私(わたし)の方(ほう)がもっと先(さき)ですよ。

3．今日(きょう)もお疲(つか)れ様(さま)でした。

8番(ばん)

M：次(つぎ)の発表(はっぴょう)、君(きみ)がやってくれないか？

F：1．はい、ぜひやらせていただきます。

2．そんな。それなら田中(たなか)さんにしていただきますね。

3．私(わたし)がやってあげますね。

9番(ばん)

F：店内(てんない)でお召(め)し上(あ)がりですか。

M：1．はい、着(き)てみても大丈夫(だいじょうぶ)ですか。

2．はい、ここで食(た)べていきます。

3．はい、ここで上(あ)がりたいです。

自르는 선

じゅけんばっごうをかいて、そのしたのマークらんにマークしてください。

Fill in your examinee registration number in this box, and then mark the circle for each digit of the number.

N3

げんごちしき（もじ・ごい）

〈ちゅうい〉
1. くろいえんぴつ(HB、No2)でかいてください。
Use a black medium soft (HB or No.2) pencil.
(ペンやボールペンではかかないでください。)
(Do not use any kind of pen.)
2. かきなおすときは、けしゴムできれいにけしてください。
Erase any unintended marks completely.
3. きたなくしたり、おったりしないでください。
Do not soil or bend this sheet.
4. マークれい Marking Examples

よいれい Correct Example	わるいれい Incorrect Example
●	[incorrect marking examples]

じゅけんばんごう
(Examinee Registration Number)

2	5	A	1	2	3	4	5	6	7	-	8	9	1	2	3
⓪	⓪	●		⓪	⓪	⓪	⓪	⓪	⓪			⓪	⓪	⓪	⓪
①	①	Ⓑ	●	①	①	①	①	①	①		①	①	●	①	①
●	②		②	●	②	②	②	②	②		②	②	②	●	②
③	③		③	③	●	③	③	③	③		③	③	③	③	●
④	④		④	④	④	●	④	④	④		④	④	④	④	④
⑤	●		⑤	⑤	⑤	⑤	●	⑤	⑤		⑤	⑤	⑤	⑤	⑤
⑥	⑥		⑥	⑥	⑥	⑥	⑥	●	⑥		⑥	⑥	⑥	⑥	⑥
⑦	⑦		⑦	⑦	⑦	⑦	⑦	⑦	●		⑦	⑦	⑦	⑦	⑦
⑧	⑧		⑧	⑧	⑧	⑧	⑧	⑧	⑧		●	⑧	⑧	⑧	⑧
⑨	⑨		⑨	⑨	⑨	⑨	⑨	⑨	⑨		⑨	●	⑨	⑨	⑨

あなたのなまえをローマじでかいてください。　　please print in block letters.

なまえ Name	

せいねんがっぴをかいてください。
Fill in your date og Birth in the box.

せいねんがっぴ(Date of Birth)

ねん Year	つき Month	ひ Day

問題 1				
1	①	②	③	④
2	①	②	③	④
3	①	②	③	④
4	①	②	③	④
5	①	②	③	④
6	①	②	③	④
7	①	②	③	④
8	①	②	③	④
問題 2				
9	①	②	③	④
10	①	②	③	④
11	①	②	③	④
12	①	②	③	④
13	①	②	③	④
14	①	②	③	④
問題 3				
15	①	②	③	④
16	①	②	③	④
17	①	②	③	④
18	①	②	③	④
19	①	②	③	④
20	①	②	③	④
21	①	②	③	④
22	①	②	③	④
23	①	②	③	④
24	①	②	③	④
25	①	②	③	④

問題 4				
26	①	②	③	④
27	①	②	③	④
28	①	②	③	④
29	①	②	③	④
30	①	②	③	④
問題 5				
31	①	②	③	④
32	①	②	③	④
33	①	②	③	④
34	①	②	③	④
35	①	②	③	④

じゅけんばっごうをかいて、そのしたのマークらんにマークしてください。

Fill in your examinee registration number in this box, and then mark the circle for each digit of the number.

⬇

じゅけんばんごう (Examinee Registration Number)

2	5	A	1	2	3	4	5	6	7	-	8	9	1	2	3
⓪	⓪	●		⓪	⓪	⓪	⓪	⓪	⓪			⓪	⓪	⓪	⓪
①	①	Ⓑ	●	①	①	①	①	①	①		①	①	●	①	①
●	②		②	●	②	②	②	②	②		②	②	②	●	②
③	③		③	③	●	③	③	③	③		③	③	③	③	●
④	④		④	④	④	●	④	④	④		④	④	④	④	④
⑤	●		⑤	⑤	⑤	⑤	●	⑤	⑤		⑤	⑤	⑤	⑤	⑤
⑥	⑥		⑥	⑥	⑥	⑥	⑥	●	⑥		⑥	⑥	⑥	⑥	⑥
⑦	⑦		⑦	⑦	⑦	⑦	⑦	⑦	●		⑦	⑦	⑦	⑦	⑦
⑧	⑧		⑧	⑧	⑧	⑧	⑧	⑧	⑧		●	⑧	⑧	⑧	⑧
⑨	⑨		⑨	⑨	⑨	⑨	⑨	⑨	⑨		⑨	●	⑨	⑨	⑨

せいねんがっぴをかいてください。
Fill in your date og Birth in the box.

⬇

せいねんがっぴ(Date of Birth)							
ねん Year				つき Month		ひ Day	

N3

げんごちしき（ぶんぽう）・どっかい

〈ちゅうい〉

1. くろいえんぴつ(HB、No2)でかいてください。
Use a black medium soft (HB or No.2) pencil.
(ペンやボールペンではかかないでください。)
(Do not use any kind of pen.)
2. かきなおすときは、けしゴムできれいにけしてください。
Erase any unintended marks completely.
3. きたなくしたり、おったりしないでください。
Do not soil or bend this sheet.
4. マークれい Marking Examples

よいれい Correct Example	わるいれい Incorrect Example
●	⊘ ⊘ ○ ⓪ ⊜ ⦶ ◍

あなたのなまえをローマじでかいてください。　　please print in block letters.

⬇

なまえ Name	

問題 1				
1	①	②	③	④
2	①	②	③	④
3	①	②	③	④
4	①	②	③	④
5	①	②	③	④
6	①	②	③	④
7	①	②	③	④
8	①	②	③	④
9	①	②	③	④
10	①	②	③	④
11	①	②	③	④
12	①	②	③	④
13	①	②	③	④
問題 2				
14	①	②	③	④
15	①	②	③	④
16	①	②	③	④
17	①	②	③	④
18	①	②	③	④
問題 3				
19	①	②	③	④
20	①	②	③	④
21	①	②	③	④
22	①	②	③	④
23	①	②	③	④

問題 4				
24	①	②	③	④
25	①	②	③	④
26	①	②	③	④
27	①	②	③	④
問題 5				
28	①	②	③	④
29	①	②	③	④
30	①	②	③	④
31	①	②	③	④
32	①	②	③	④
33	①	②	③	④
問題 6				
34	①	②	③	④
35	①	②	③	④
36	①	②	③	④
37	①	②	③	④
問題 7				
38	①	②	③	④
39	①	②	③	④

자르는 선

じゅけんばっごうをかいて、そのしたのマークらんにマークしてください。

Fill in your examinee registration number in this box, and then mark the circle for each digit of the number.

N3

ちょうかい

〈ちゅうい〉

1. くろいえんぴつ(HB、No2)でかいてください。
   Use a black medium soft (HB or No.2) pencil.
   (ペンやボールペンではかかないでください。)
   (Do not use any kind of pen.)
2. かきなおすときは、けしゴムできれいにけしてください。
   Erase any unintended marks completely.
3. きたなくしたり、おったりしないでください。
   Do not soil or bend this sheet.
4. マークれい Marking Examples

よいれい Correct Example	わるいれい Incorrect Example
●	⊘ ✓ ◯ ◎ ⊜ ◐ ◍

あなたのなまえをローマじでかいてください。　please print in block letters.

なまえ Name	

じゅけんばんごう (Examinee Registration Number)

2	5	A	1	2	3	4	5	6	7	-	8	9	1	2	3
0	0	●		0	0	0	0	0	0			0	0	0	0
1	1	B	●	1	1	1	1	1	1		1	1	●	1	1
●	2		2	●	2	2	2	2	2		2	2	2	●	2
3	3		3	3	●	3	3	3	3		3	3	3	3	●
4	4		4	4	4	●	4	4	4		4	4	4	4	4
5	●		5	5	5	5	●	5	5		5	5	5	5	5
6	6		6	6	6	6	6	●	6		6	6	6	6	6
7	7		7	7	7	7	7	7	●		7	7	7	7	7
8	8		8	8	8	8	8	8	8		●	8	8	8	8
9	9		9	9	9	9	9	9	9		9	●	9	9	9

せいねんがっぴをかいてください。
Fill in your date og Birth in the box.

せいねんがっぴ(Date of Birth)

ねん Year				つき Month		ひ Day	

問題 1

れい	1	2	●	4
1	1	2	3	4
2	1	2	3	4
3	1	2	3	4
4	1	2	3	4
5	1	2	3	4
6	1	2	3	4

問題 2

れい	1	2	●	4
1	1	2	3	4
2	1	2	3	4
3	1	2	3	4
4	1	2	3	4
5	1	2	3	4
6	1	2	3	4

問題 3

れい	1	2	●	4
1	1	2	3	4
2	1	2	3	4
3	1	2	3	4

問題 4

れい	1	2	●
1	1	2	3
2	1	2	3
3	1	2	3
4	1	2	3

問題 5

れい	1	2	●
1	1	2	3
2	1	2	3
3	1	2	3
4	1	2	3
5	1	2	3
6	1	2	3
7	1	2	3
8	1	2	3
9	1	2	3

자르는 선

じゅけんばっごうをかいて、そのしたのマークらんにマークしてください。

Fill in your examinee registration number in this box, and then mark the circle for each digit of the number.

N3

げんごちしき（もじ・ごい）

〈ちゅうい〉
1. くろいえんぴつ(HB、No2)でかいてください。
Use a black medium soft (HB or No.2) pencil.
(ペンやボールペンではかかないでください。)
(Do not use any kind of pen.)
2. かきなおすときは、けしゴムできれいにけしてください。
Erase any unintended marks completely.
3. きたなくしたり、おったりしないでください。
Do not soil or bend this sheet.
4. マークれい Marking Examples

よいれい Correct Example	わるいれい Incorrect Example
●	⊘ ⊘ ◯ ⓪ ⊜ ◐ ◯

じゅけんばんごう
(Examinee Registration Number)

2	5	A	1	2	3	4	5	6	7	-	8	9	1	2	3

あなたのなまえをローマじでかいてください。 please print in block letters.

なまえ Name	

せいねんがっぴをかいてください。
Fill in your date og Birth in the box.

せいねんがっぴ(Date of Birth)		
ねん Year	つき Month	ひ Day

問題 1				
1	①	②	③	④
2	①	②	③	④
3	①	②	③	④
4	①	②	③	④
5	①	②	③	④
6	①	②	③	④
7	①	②	③	④
8	①	②	③	④
問題 2				
9	①	②	③	④
10	①	②	③	④
11	①	②	③	④
12	①	②	③	④
13	①	②	③	④
14	①	②	③	④
問題 3				
15	①	②	③	④
16	①	②	③	④
17	①	②	③	④
18	①	②	③	④
19	①	②	③	④
20	①	②	③	④
21	①	②	③	④
22	①	②	③	④
23	①	②	③	④
24	①	②	③	④
25	①	②	③	④

問題 4				
26	①	②	③	④
27	①	②	③	④
28	①	②	③	④
29	①	②	③	④
30	①	②	③	④
問題 5				
31	①	②	③	④
32	①	②	③	④
33	①	②	③	④
34	①	②	③	④
35	①	②	③	④

じゅけんばっごうをかいて、そのしたのマークらんにマークしてください。
Fill in your examinee registration number in this box, and then mark the circle for each digit of the number.

↓

じゅけんばんごう
(Examinee Registration Number)

2	5	A	1	2	3	4	5	6	7	-	8	9	1	2	3
0	0	●		0	0	0	0	0	0			0	0	0	0
1	1	B	●	1	1	1	1	1	1		1	1	●	1	1
●	2		2	●	2	2	2	2	2		2	2	2	●	2
3	3		3	3	●	3	3	3	3		3	3	3	3	●
4	4		4	4	4	●	4	4	4		4	4	4	4	4
5	●		5	5	5	5	●	5	5		5	5	5	5	5
6	6		6	6	6	6	6	●	6		6	6	6	6	6
7	7		7	7	7	7	7	7	●		7	7	7	7	7
8	8		8	8	8	8	8	8	8		●	8	8	8	8
9	9		9	9	9	9	9	9	9		9	●	9	9	9

せいねんがっぴをかいてください。
Fill in your date og Birth in the box.

↓

せいねんがっぴ(Date of Birth)							
ねん Year				つき Month		ひ Day	

N3
げんごちしき（ぶんぽう）・どっかい

〈ちゅうい〉
1. くろいえんぴつ(HB、No2)でかいてください。
Use a black medium soft (HB or No.2) pencil.
(ペンやボールペンではかかないでください。)
(Do not use any kind of pen.)
2. かきなおすときは、けしゴムできれいにけしてください。
Erase any unintended marks completely.
3. きたなくしたり、おったりしないでください。
Do not soil or bend this sheet.
4. マークれい Marking Examples

よいれい Correct Example	わるいれい Incorrect Example
●	⊘ ◎ ○ ◯ ⊗ ⦶ ◍

あなたのなまえをローマじでかいてください。 please print in block letters.

↓

なまえ Name	

問題 1				
1	1	2	3	4
2	1	2	3	4
3	1	2	3	4
4	1	2	3	4
5	1	2	3	4
6	1	2	3	4
7	1	2	3	4
8	1	2	3	4
9	1	2	3	4
10	1	2	3	4
11	1	2	3	4
12	1	2	3	4
13	1	2	3	4
問題 2				
14	1	2	3	4
15	1	2	3	4
16	1	2	3	4
17	1	2	3	4
18	1	2	3	4
問題 3				
19	1	2	3	4
20	1	2	3	4
21	1	2	3	4
22	1	2	3	4
23	1	2	3	4

問題 4				
24	1	2	3	4
25	1	2	3	4
26	1	2	3	4
27	1	2	3	4
問題 5				
28	1	2	3	4
29	1	2	3	4
30	1	2	3	4
31	1	2	3	4
32	1	2	3	4
33	1	2	3	4
問題 6				
34	1	2	3	4
35	1	2	3	4
36	1	2	3	4
37	1	2	3	4
問題 7				
38	1	2	3	4
39	1	2	3	4

자르는 선

じゅけんばっごうをかいて、そのしたのマークらんにマークしてください。

Fill in your examinee registration number in this box, and then mark the circle for each digit of the number.

N3

ちょうかい

〈ちゅうい〉

1. くろいえんぴつ(HB、No2)でかいてください。
Use a black medium soft (HB or No.2) pencil.
(ペンやボールペンではかかないでください。)
(Do not use any kind of pen.)
2. かきなおすときは、けしゴムできれいにけしてください。
Erase any unintended marks completely.
3. きたなくしたり、おったりしないでください。
Do not soil or bend this sheet.
4. マークれい Marking Examples

よいれい Correct Example	わるいれい Incorrect Example
●	⊘ ⊙ ◯ ◎ ⊗ ⦶ ◍

あなたのなまえをローマじでかいてください。 please print in block letters.

なまえ Name

じゅけんばんごう (Examinee Registration Number)															
2	5	A	1	2	3	4	5	6	7	-	8	9	1	2	3
⓪	⓪	●		⓪	⓪	⓪	⓪	⓪	⓪			⓪	⓪	⓪	⓪
①	①	Ⓑ	●	①	①	①	①	①	①		①	①	●	①	①
●	②		②	●	②	②	②	②	②		②	②	②	●	②
③	③		③	③	●	③	③	③	③		③	③	③	③	●
④	④		④	④	④	●	④	④	④		④	④	④	④	④
⑤	●		⑤	⑤	⑤	⑤	●	⑤	⑤		⑤	⑤	⑤	⑤	⑤
⑥	⑥		⑥	⑥	⑥	⑥	⑥	●	⑥		⑥	⑥	⑥	⑥	⑥
⑦	⑦		⑦	⑦	⑦	⑦	⑦	⑦	●		⑦	⑦	⑦	⑦	⑦
⑧	⑧		⑧	⑧	⑧	⑧	⑧	⑧	⑧		●	⑧	⑧	⑧	⑧
⑨	⑨		⑨	⑨	⑨	⑨	⑨	⑨	⑨		⑨	●	⑨	⑨	⑨

せいねんがっぴをかいてください。
Fill in your date og Birth in the box.

せいねんがっぴ(Date of Birth)							
ねん Year				つき Month		ひ Day	

問題 1				
れい	①	②	●	④
1	①	②	③	④
2	①	②	③	④
3	①	②	③	④
4	①	②	③	④
5	①	②	③	④
6	①	②	③	④

問題 2				
れい	①	②	●	④
1	①	②	③	④
2	①	②	③	④
3	①	②	③	④
4	①	②	③	④
5	①	②	③	④
6	①	②	③	④

問題 3				
れい	①	②	●	④
1	①	②	③	④
2	①	②	③	④
3	①	②	③	④

問題 4			
れい	①	②	●
1	①	②	③
2	①	②	③
3	①	②	③
4	①	②	③

問題 5			
れい	①	②	●
1	①	②	③
2	①	②	③
3	①	②	③
4	①	②	③
5	①	②	③
6	①	②	③
7	①	②	③
8	①	②	③
9	①	②	③

자르는 선

じゅけんばっごうをかいて、そのしたのマークらんにマークしてください。

Fill in your examinee registration number in this box, and then mark the circle for each digit of the number.

N3

げんごちしき（もじ・ごい）

〈ちゅうい〉

1. くろいえんぴつ(HB、No2)でかいてください。
Use a black medium soft (HB or No.2) pencil.
(ペンやボールペンではかかないでください。)
(Do not use any kind of pen.)
2. かきなおすときは、けしゴムできれいにけしてください。
Erase any unintended marks completely.
3. きたなくしたり、おったりしないでください。
Do not soil or bend this sheet.
4. マークれい Marking Examples

よいれい Correct Example	わるいれい Incorrect Example
●	◎ ◎ ○ ◎ ◎ ◎ ◎

じゅけんばんごう
(Examinee Registration Number)

2	5	A	1	2	3	4	5	6	7	-	8	9	1	2	3
⓪	⓪	●		⓪	⓪	⓪	⓪	⓪	⓪			⓪	⓪	⓪	⓪
①	①	Ⓑ	●	①	①	①	①	①	①		①	①	●	①	①
●	②		②	●	②	②	②	②	②		②	②	②	●	②
③	③		③	③	●	③	③	③	③		③	③	③	③	●
④	④		④	④	④	●	④	④	④		④	④	④	④	④
⑤	●		⑤	⑤	⑤	⑤	●	⑤	⑤		⑤	⑤	⑤	⑤	⑤
⑥	⑥		⑥	⑥	⑥	⑥	⑥	●	⑥		⑥	⑥	⑥	⑥	⑥
⑦	⑦		⑦	⑦	⑦	⑦	⑦	⑦	●		⑦	⑦	⑦	⑦	⑦
⑧	⑧		⑧	⑧	⑧	⑧	⑧	⑧	⑧		●	⑧	⑧	⑧	⑧
⑨	⑨		⑨	⑨	⑨	⑨	⑨	⑨	⑨		⑨	●	⑨	⑨	⑨

あなたのなまえをローマじでかいてください。　please print in block letters.

なまえ Name	

せいねんがっぴをかいてください。
Fill in your date og Birth in the box.

せいねんがっぴ(Date of Birth)

ねん Year	つき Month	ひ Day

問題 1				
1	①	②	③	④
2	①	②	③	④
3	①	②	③	④
4	①	②	③	④
5	①	②	③	④
6	①	②	③	④
7	①	②	③	④
8	①	②	③	④
問題 2				
9	①	②	③	④
10	①	②	③	④
11	①	②	③	④
12	①	②	③	④
13	①	②	③	④
14	①	②	③	④
問題 3				
15	①	②	③	④
16	①	②	③	④
17	①	②	③	④
18	①	②	③	④
19	①	②	③	④
20	①	②	③	④
21	①	②	③	④
22	①	②	③	④
23	①	②	③	④
24	①	②	③	④
25	①	②	③	④

問題 4				
26	①	②	③	④
27	①	②	③	④
28	①	②	③	④
29	①	②	③	④
30	①	②	③	④
問題 5				
31	①	②	③	④
32	①	②	③	④
33	①	②	③	④
34	①	②	③	④
35	①	②	③	④

じゅけんばっごうをかいて、そのしたのマークらんにマークしてください。

Fill in your examinee registration number in this box, and then mark the circle for each digit of the number.

N3

げんごちしき（ぶんぽう）・どっかい

〈ちゅうい〉
1. くろいえんぴつ(HB、No2)でかいてください。
Use a black medium soft (HB or No.2) pencil.
(ペンやボールペンではかかないでください。)
(Do not use any kind of pen.)
2. かきなおすときは、けしゴムできれいにけしてください。
Erase any unintended marks completely.
3. きたなくしたり、おったりしないでください。
Do not soil or bend this sheet.
4. マークれい Marking Examples

よいれい Correct Example	わるいれい Incorrect Example
●	⊘ ◎ ○ ◍ ⊗ ⦶ ◉

じゅけんばんごう
(Examinee Registration Number)

2	5	A	1	2	3	4	5	6	7	-	8	9	1	2	3

せいねんがっぴをかいてください。
Fill in your date og Birth in the box.

せいねんがっぴ(Date of Birth)		
ねん Year	つき Month	ひ Day

あなたのなまえをローマじでかいてください。 please print in block letters.

なまえ Name	

問題 1				
1	①	②	③	④
2	①	②	③	④
3	①	②	③	④
4	①	②	③	④
5	①	②	③	④
6	①	②	③	④
7	①	②	③	④
8	①	②	③	④
9	①	②	③	④
10	①	②	③	④
11	①	②	③	④
12	①	②	③	④
13	①	②	③	④
問題 2				
14	①	②	③	④
15	①	②	③	④
16	①	②	③	④
17	①	②	③	④
18	①	②	③	④
問題 3				
19	①	②	③	④
20	①	②	③	④
21	①	②	③	④
22	①	②	③	④
23	①	②	③	④

問題 4				
24	①	②	③	④
25	①	②	③	④
26	①	②	③	④
27	①	②	③	④
問題 5				
28	①	②	③	④
29	①	②	③	④
30	①	②	③	④
31	①	②	③	④
32	①	②	③	④
33	①	②	③	④
問題 6				
34	①	②	③	④
35	①	②	③	④
36	①	②	③	④
37	①	②	③	④
問題 7				
38	①	②	③	④
39	①	②	③	④

자르는 선

N3

ちょうかい

じゅけんばっごうをかいて、そのしたのマークらんにマークしてください。

Fill in your examinee registration number in this box, and then mark the circle for each digit of the number.

じゅけんばんごう (Examinee Registration Number)

25A1234567-89123

〈ちゅうい〉

1. くろいえんぴつ(HB、No2)でかいてください。
Use a black medium soft (HB or No.2) pencil.
(ペンやボールペンではかかないでください。)
(Do not use any kind of pen.)
2. かきなおすときは、けしゴムできれいにけしてください。
Erase any unintended marks completely.
3. きたなくしたり、おったりしないでください。
Do not soil or bend this sheet.
4. マークれい Marking Examples

よいれい Correct Example	わるいれい Incorrect Example
●	⊘ ⊙ ○ ◎ ⊜ ⦶ ◉

あなたのなまえをローマじでかいてください。 please print in block letters.

なまえ Name

せいねんがっぴをかいてください。
Fill in your date og Birth in the box.

せいねんがっぴ(Date of Birth)		
ねん Year	つき Month	ひ Day

問題 1				
れい	①	②	●	④
1	①	②	③	④
2	①	②	③	④
3	①	②	③	④
4	①	②	③	④
5	①	②	③	④
6	①	②	③	④

問題 2				
れい	①	②	●	④
1	①	②	③	④
2	①	②	③	④
3	①	②	③	④
4	①	②	③	④
5	①	②	③	④
6	①	②	③	④

問題 3				
れい	①	②	●	④
1	①	②	③	④
2	①	②	③	④
3	①	②	③	④

問題 4			
れい	①	②	●
1	①	②	③
2	①	②	③
3	①	②	③
4	①	②	③

問題 5			
れい	①	②	●
1	①	②	③
2	①	②	③
3	①	②	③
4	①	②	③
5	①	②	③
6	①	②	③
7	①	②	③
8	①	②	③
9	①	②	③

독해가 강해지는 JLPT N3 핵심 단어 80 ①

与える	あたえる	주다	教育	きょういく	교육
謝る	あやまる	사과하다	協力	きょうりょく	협력
改めて	あらためて	다시	禁止	きんし	금지
あらゆる		모든	区役所	くやくしょ	구청
表す	あらわす	나타내다	原因	げんいん	원인
あるいは		혹은, 또는	現実	げんじつ	현실
一切	いっさい	일절, 일체	憲法	けんぽう	헌법
受付	うけつけ	접수	効果	こうか	효과
移す	うつす	옮기다	肯定的	こうていてき	긍정적
奪う	うばう	빼앗다	交流	こうりゅう	교류
確認	かくにん	확인	好む	このむ	선호하다
賢い	かしこい	현명하다	細かい	こまかい	세밀하다
完璧	かんぺき	완벽	頃	ころ	쯤
機関	きかん	기관	定める	さだめる	정하다
危険	きけん	위험	実施	じっし	실시
規則	きそく	규칙	実践	じっせん	실천
記入	きにゅう	기입	支払う	しはらう	지불하다
機能	きのう	기능	示す	しめす	나타내다
基盤	きばん	기반	条件	じょうけん	조건
決める	きめる	정하다	承認	しょうにん	승인

자르는 선

독해가 강해지는 JLPT N3 핵심 단어 80 ②

맛있는 books

処理	しょり	처리	把握	はあく	파악
深刻	しんこく	심각	莫大だ	ばくだいだ	막대하다
申請	しんせい	신청	激しい	はげしい	심하다
すなわち		즉, 곧	犯罪	はんざい	범죄
責任	せきにん	책임	犯罪者	はんざいしゃ	범죄자
専門家	せんもんか	전문가	判断	はんだん	판단
短所	たんしょ	단점	ひいては		나아가서는
団体	だんたい	단체	否定	ひてい	부정
長所	ちょうしょ	장점	否定的	ひていてき	부정적
提示	ていじ	제시	評価	ひょうか	평가
導入	どうにゅう	도입	再び	ふたたび	다시
特定	とくてい	특정	防止	ぼうし	방지
整う	ととのう	정리되다	法律	ほうりつ	법률
整える	ととのえる	정리하다	認める	みとめる	인정하다
なお		또한	迎える	むかえる	맞이하다
失くす	なくす	잃어버리다	目指す	めざす	지향하다
習う	ならう	배우다	目立つ	めだつ	눈에 띄다
望ましい	のぞましい	바람직하다	求める	もとめる	요구하다
望む	のぞむ	바라다	要求	ようきゅう	요구
述べる	のべる	말하다	詫びる	わびる	사과하다

자르는 선

꼭 알아야 할 JLPT N3 핵심 문형 40 ①

• ます형에 접속하는 문형

문형	예문
～始める ~하기 시작하다	子どもたちが公園で遊び始めました。 아이들이 공원에서 놀기 시작했어요.
～続ける 계속 ~하다	あきらめずに夢を追い続けます。 포기하지 않고 꿈을 계속 쫓겠습니다.
～終わる 다 ~하다	答えを書き終わったら、すぐに先生に提出してください。 답을 다 쓰면, 바로 선생님께 제출해 주세요.
～出す (갑자기) ~하기 시작하다	猫が突然走り出して、驚きました。 고양이가 갑자기 달리기 시작해서, 놀랐습니다.
～過ぎる 지나치게 ~하다	甘いものを食べ過ぎると、体に良くない。 단 것을 지나치게 먹으면, 몸에 안 좋다.
～きる 다 ~하다	その本を最後まで読みきるのは難しいです。 그 책을 끝까지 다 읽기는 어렵습니다.
～方 ~하는 방법	この機械の使い方を説明します。 이 기계의 사용법을 설명합니다.
～たい ~하고 싶다	今日は温泉に入りたい気分です。 오늘은 온천에 들어가고 싶은 기분이에요.
～やすい ~하기 쉽다(편하다)	このペンは書きやすい。 이 펜은 쓰기 편하다.
～にくい ~하기 어렵다	その道は狭くて通りにくいです。 그 길은 좁아서 지나가기 어려워요.

자르는 선

꼭 알아야 할 JLPT N3 핵심 문형 40 ②

• ない형에 접속하는 문형

～ないで ~하지 않고	宿題をしないで遊ぶと怒られるよ。 숙제 하지 않고 놀면 혼나.
～なくて ~하지 않아서	この問題が解けなくて、困っています。 이 문제를 풀지 못해서, 곤란해요.
～ずに ~하지 않고	朝ごはんを食べずに学校に行くのは体に良くないです。 아침을 먹지 않고 학교에 가는 것은 몸에 좋지 않아요.
～ないでください ~하지 마세요	ゴミを道に捨てないでください。 쓰레기를 길에 버리지 마세요.
～なければならない ~하지 않으면 안 된다, ~해야 한다	今よりももっと勉強しなければならない。 지금보다 더 공부하지 않으면 안 된다.
～なくてはいけない ~하지 않으면 안 된다, ~해야 한다	彼女に謝らなくてはいけない。 그녀에게 사과하지 않으면 안 된다.
～ないといけない ~하지 않으면 안 된다, ~해야 한다	時間に間に合うように急がないといけない。 제시간에 맞추도록 서두르지 않으면 안 된다.
～なくてもいい ~하지 않아도 된다	この作業は今日中に終わらなくてもいいです。 이 작업은 오늘 안에 끝나지 않아도 됩니다.

• た형에 접속하는 문형

～たほうがいい ~하는 편이 좋다	夜は早く寝たほうがいいですよ。 밤에는 일찍 자는 편이 좋아요.
～たことがある ~한 적이 있다	和歌山城を訪れたことがあります。 와카야마성을 방문한 적이 있습니다.
～たまま ~한 채로	彼は靴を履いたまま部屋に入ってきた。 그는 신발을 신은 채로 방에 들어왔다.

자르는 선

꼭 알아야 할 JLPT N3 핵심 문형 40 ③

• て형에 접속하는 문형

문형	예문
~ている (진행)~하고 있다	**弟(おとうと)はずっとゲームをしている。** 동생은 계속 게임을 하고 있다.
~ている (상태)~해 있다, ~했다	**ドアが開(あ)いています。** 문이 열려 있습니다.
~てみる ~해 보다	**このケーキを一度(いちど)食(た)べてみてください。** 이 케이크를 한번 먹어 보세요.
~てしまう ~해 버리다, ~하고 말다	**携帯電話(けいたいでんわ)を家(いえ)に忘(わす)れてしまった。** 휴대전화를 집에 두고 와 버렸다.
~ていく ~해 가다	**これからも頑張(がんば)っていきます。** 앞으로도 열심히 해 가겠습니다.
~てくる ~해 오다	**冬(ふゆ)になると、日(ひ)が短(みじか)くなってくる。** 겨울이 되면, 해가 짧아진다.
~てある ~해(져) 있다	**ドアに「開(あ)けないでください」と書(か)いてある。** 문에 '열지 마세요'라고 써 있다.
~てもいい ~해도 된다	**写真(しゃしん)を撮(と)ってもいいですか。** 사진을 찍어도 됩니까?
~てはいけない ~해서는 안 된다	**図書館(としょかん)では大(おお)きな声(こえ)で話(はな)してはいけません。** 도서관에서는 큰 소리로 말해서는 안 됩니다.
~てほしい ~했으면 좋겠다	**あなたも一緒(いっしょ)に来(き)てほしいです。** 당신도 함께 왔으면 좋겠습니다.

자르는 선

꼭 알아야 할 JLPT N3 핵심 문형 40 ④

• 수수표현

あげる (남에게) 주다	**私(わたし)が買(か)ったお土産(みやげ)を友(とも)だちにあげました。** 내가 산 선물을 친구에게 줬어요.
くれる (남이 나에게) 주다	**先生(せんせい)が私(わたし)たちに新(あたら)しい教材(きょうざい)をくれました。** 선생님이 우리에게 새 교재를 줬어요.
もらう 받다	**友(とも)だちからお祝(いわ)いのプレゼントをもらいました。** 친구로부터 축하 선물을 받았어요.
~てあげる (남에게) ~해 주다	**引(ひ)っ越(こ)しを手伝(てつだ)ってあげました。** 이사를 도와줬어요.
~てくれる (남이 나에게) ~해 주다	**友(とも)だちが私(わたし)の荷物(にもつ)を持(も)ってくれました。** 친구가 제 짐을 들어줬어요.
~てもらう ~해 받다 ((남이) ~해 주다)	**母(はは)に部屋(へや)の掃除(そうじ)を手伝(てつだ)ってもらいました。** 어머니께 방 청소를 도움받았어요.
~て差(さ)し上(あ)げる ~해 드리다	**お客様(きゃくさま)にお茶(ちゃ)を入(い)れて差(さ)し上(あ)げました。** 손님에게 차를 내어 드렸습니다.
~てくださる ~해 주시다	**部長(ぶちょう)が私(わたし)たちにアドバイスをしてくださいました。** 부장님께서 우리에게 조언을 해 주셨습니다.
~ていただく ~해 받다 ((남이) ~해 주시다)	**先生(せんせい)にレポートの内容(ないよう)を確認(かくにん)していただきました。** 선생님에게 리포트 내용을 확인받았습니다.

자르는 선